Couvertures supérieure et inférieure
manquantes

BIBLIOTHÈQUE ORIENTALE ELZÉVIRIENNE

XXVIII

LA

BIBLIOTHÈQUE DU PALAIS DE NINIVE

ROUEN. — IMPRIMERIE DE E. CAGNIARD

DÉCOUVERTES ASSYRIENNES

LA
BIBLIOTHÈQUE DU PALAIS
DE
NINIVE

PAR

M. JOACHIM MENANT

PARIS

ERNEST LEROUX, ÉDITEUR,

LIBRAIRE DE LA SOCIÉTÉ ASIATIQUE DE PARIS,

DE L'ÉCOLE DES LANGUES ORIENTALES VIVANTES, ETC.

28, RUE BONAPARTE, 28

—

1880

PRÉFACE

~~~~~~~

Les études philologiques sont assez répandues aujourd'hui pour qu'on ne puisse plus douter des résultats obtenus dans ce genre de recherches. Il est bien établi que les savants sont arrivés par les travaux les plus consciencieux et les plus persévérants à lire des textes écrits avec des caractères dont la signification était perdue et qu'ils sont parvenus ensuite à reconstituer des langues depuis longtemps oubliées.

Le nombre des érudits qui s'occupent de ces recherches est déjà assez considérable pour constituer, en réunissant les différentes branches auxquelles ils appliquent leurs efforts, un public étendu qui comprend et apprécie chaque nouvelle conquête de la science. Aujourd'hui, nous avons à cœur de sortir de ce cercle savant pour faire connaître des résultats qui intéresseront à coup sûr certaines intelligences curieuses de s'instruire, mais qui reculent devant les difficultés que réclame une étude spéciale et approfondie de ces matières. En effet, ce qui préoccupe ce grand public, c'est moins l'effort intellectuel qui a présidé à la reconstruction de ces langues, que l'importance des faits dont on a acquis la possession.

Cette exigence est très-légitime et le philologue doit chercher à y répondre dans une certaine limite. C'est à lui de montrer que ses travaux sont appelés à modifier les idées que nous nous étions habitués à formuler sur l'histoire ancienne; c'est à lui de faire comprendre que ce n'est pas pour satisfaire une curiosité stérile que l'on est parvenu à lire toutes ces inscriptions qui nous ont fait connaître l'histoire de l'Asie occidentale. On ne peut plus désormais reléguer l'existence des grands empires de l'Orient dans ces époques indécises où on ne saisissait que des mythes à travers les récits qui nous étaient transmis sous la foi de légendes incomprises ou dénaturées.

Les conditions ont donc changé : à la place des légendes, nous avons l'histoire ; à la place des mythes, nous avons des réalités ; mais ces vérités si laborieusement acquises pénètrent difficilement dans le grand public ; elles ont besoin pour y arriver de se dépouiller de la forme scientifique et aride qui convient aux traités spéciaux où on en discute la valeur.

Les inscriptions de l'Assyrie et de la Chaldée semblent avoir attendu, pour se faire comprendre, le moment précis où les renseignements qu'elles pouvaient fournir à l'histoire générale étaient opportuns et où les méthodes philologiques, devenant plus sûres, permettaient de les mieux comprendre.

La lecture et l'interprétation des textes en caractères cunéiformes ne laisse aucun doute, et le résumé des efforts collectifs qui ont été faits pour arriver à ce résultat n'offre plus, pour ainsi dire, qu'un intérêt historique. Toutes les difficultés ont disparu : on lit cette écriture étrange ; on comprend les textes nombreux qui se sont successivement produits. C'est pour essayer de faire connaître l'importance et l'étendue des résultats acquis que j'ai cru devoir publier ces pages.

J'ai choisi à dessein une des sources les plus

curieuses où l'érudit peut puiser maintenant. Ce ne sont plus les renseignements défigurés ou incomplets des historiens de l'antiquité que l'on compulse et d'après lesquels on édifie des vues d'ensemble ; le déchiffrement des textes a ouvert une autre voie et a donné à l'histoire un point d'appui solide. Désormais ce sont les monuments contemporains eux-mêmes qui viennent témoigner devant nous et nous livrer les secrets des civilisations qui les ont élevés. Aussi, en pénétrant avec le lecteur dans un des grands dépôts de la science assyro-chaldéenne au VIIᵉ siècle avant notre ère, nous pourrons passer avec lui une revue sérieuse de l'état des connaissances assyriennes à cette époque.

J. MENANT.

20 Mars 1880.

INTRODUCTION

Immortali sunt natura præditia certe.

Lucrèce

’EST en vain que l’on s’efforce de remonter le cours des âges pour découvrir le point de notre globe où le genre humain a pris naissance; il y a là une origine mystérieuse qui nous échappe. Les cosmogonies des différents peuples s’efforcent de l’expliquer; mais quand on fait appel aux lumières de la science, on reste en présence d’un problème insoluble. Rien ne commence, en effet, dans l’histoire du monde; à quelque époque que ce soit, on trouve toujours des populations pour représenter l’enfance des sociétés, et si loin que les recherches s'étendent dans le passé, on rencontre des peuples en pleine civilisation ; aussi nous en sommes réduits à de pures hypothèses quand nous voulons réunir les données qui nous viennent de différentes sources, pour en former l'ensemble d'une histoire qu'on a la prétention de dire universelle.

L'Orient, vers lequel nous tournons toujours les regards quand nous essayons de pénétrer ce mystère, était à peine connu au commencement de ce siècle , et les voyageurs qui s'aventuraient dans les solitudes de l'Asie occidentale n'en rapportaient le plus souvent que les fantômes dont leur imagination plus ou moins féconde les avait peuplées.

La civilisation assyro-chaldéenne était la plus oubliée ; on ne la connaissait guère que par l'éclat de sa chute ; l'empire d'Assyrie s'était écroulé dans une nuit de débauche, et Ninive avait disparu du monde sans qu'on pût même en retrouver la trace. Si Babylone avait eu une plus longue agonie, son châtiment n'avait pas été moins terrible, et les malédictions des prophètes du peuple juif ne nous représentaient ces deux grands événements que comme une expiation exemplaire. C'est en vain que les Grecs nous avaient transmis quelques détails sur la grandeur des rois d'Assyrie et quelques traditions confuses de la science des Chaldéens; leurs récits passaient inaperçus, éclipsés par l'éclat que la vengeance céleste avait attaché à ces ruines.

Aujourd'hui la lumière s'est faite; on a exploré les ruines, on a fouillé le sol et on a trouvé des documents irrécusables qu'on a appris à déchiffrer, qu'on a lus et qui nous racontent l'histoire des peuples dont nous n'avions qu'un vague souvenir. Ces peuples étaient arrivés à un haut degré de culture; depuis une longue suite de siècles ils avaient acquis des connaissances sérieuses dans les sciences, dans les lettres et dans les arts. Ils avaient, en effet, leurs *Livres* ; ils possédaient, comme nous, des *Bibliothèques* dans lesquelles ils conservaient avec soin les monuments de leur savoir; c'est l'une d'elles que nous allons essayer de faire connaître ici. Elle avait été formée à Ninive par un des derniers rois de l'empire d'Assyrie ; mais il importe avant tout de rappeler comment on en a retrouvé l'existence, et d'indiquer les travaux qui ont permis d'en apprécier le contenu.

I

LES RUINES

~~~~~

ES voyageurs qui s'arrêtaient naguère à Mossoul ne se doutaient pas que la ville moderne s'élevait sur l'emplacement de Ninive. C'est en 1842, au moment où l'attention des savants se tourna plus sérieusement vers les choses de l'Orient, que le gouvernement français envoya pour la première fois des explorateurs sur les rives du Tigre avec la mission spéciale de rechercher les traces de l'antique capitale de l'Assyrie. Rien n'indiquait sur le sol asiatique la place de la grande cité qui semblait avoir disparu pour toujours. M. Botta fut chargé de cette importante exploration, et, guidé par des indices qu'on considérait alors comme bien vagues, il se mit néanmoins à fouiller les monticules qui s'élèvent en face de Mossoul, sur la rive gauche du Tigre. Ces fouilles ne révélèrent d'abord que des débris insignifiants, et on crut pendant un moment que toute recherche était inutile ; M. Botta fut même distrait de ces premiers travaux par un incident de la plus haute importance. Le hasard l'attira, en effet, sur un autre point, dans un petit village nommé Khorsabad, à vingt kilomètres au nord de Mossoul ; à l'aide des indications qui lui furent données par les habitants, il y entreprit des fouilles et il ne tarda pas à mettre au jour les ruines du premier palais assyrien qu'il a été donné de pouvoir étudier. Ce palais avait été construit par Sargon, le vainqueur de Samarie, dont le nom seul était connu par la Bible. Cette découverte, dont la portée historique était considérable, révéla également le mode de construction des palais assyriens et la marche qu'on devait suivre dans les travaux pour dégager des tumulus antiques les ruines qu'ils renfermaient. Ces renseignements permirent dès lors d'explorer sûrement la plaine de Mossoul.

Les ruines sont situées sur la rive gauche du Tigre. En quittant Mossoul, après avoir franchi le pont de bateaux qui réunit les deux rives, on se trouve en présence de deux monticules artificiels qui rompent la monotonie du terrain. Ces monticules sont situés à deux kilomètres l'un de l'autre, sur une ligne droite qui forme le côté occidental d'une enceinte dont on peut suivre le développement à l'est dans la plaine; c'est tout ce qui indique aujourd'hui l'emplacement des palais de Ninive. Cette enceinte séparait autrefois la cité royale du reste des habitations qui formaient la ville proprement dite. Le Tigre coule suivant la partie la plus longue de cette enceinte et la touche aux deux extrémités en décrivant une courbe qui s'en éloigne vers le centre. Sur les monticules s'élèvent des villages; celui du sud est le plus considérable : il renferme une mosquée et porte le nom de Nebbi-Yunus; il est vénéré depuis des siècles comme le théâtre des pré-

dications du prophète Jonas. Autour de la
mosquée s'étend un cimetière qu'il est interdit
de profaner, de sorte que les fouilles sont au
moins très-difficiles sur ce point; aussi les
premiers explorateurs durent diriger leurs
efforts sur le tumulus septentrional qui porte
le nom de Koyoundjik (*Le petit agneau*); il a
environ vingt mètres de hauteur au-dessus du
niveau du Tigre et couvre un espace de huit
cents mètres de long sur quatre cents mètres
de large. C'est à la pointe méridionale de ce
tumulus que M. Botta avait entrepris ses premières recherches, lorsqu'elles furent interrompues par la découverte du palais de Sargon,
sur les ruines duquel s'élevait le village de
Khorsabad.

M. Layard fut chargé par le gouvernement
britannique d'explorer également les ruines de
Mossoul; il reprit les premières investigations
de M. Botta, et le résultat des recherches
combinées de la France et de l'Angleterre
fut de rendre à l'histoire les documents les
plus complets qu'on pouvait désirer non-

seulement sur Ninive, mais encore sur le grand empire d'Assyrie.

Les fouilles de M. Layard firent bientôt connaître dans le tumulus de Koyoundjik un nouveau palais assyrien construit par Sennachérib, fils de Sargon ; puis celles de MM. Loftus et Rassam, dans la partie centrale du tumulus, dégagèrent un palais construit par Assarhaddon, fils de Sennachérib ; enfin de nouvelles investigations de M. Layard apprirent qu'un palais commencé par Sennachérib avait été achevé par un fils d'Assarhaddon, Assur-bani-pal, et avait été considérablement agrandi et embelli par ce souverain.

Malgré la mosquée qui protège le tumulus de Nebbi-Yunus, les Turcs eux-mêmes, de concert avec les explorateurs anglais, commencèrent des fouilles qui mirent au jour les ruines d'un palais assyrien construit par Assarhaddon ; mais les recherches ne furent pas aussi complètes que celles qui avaient eu lieu à Koyoundjik.

En dehors de ces deux tumulus, la plaine de Ninive ne présente plus d'autre point important, et nulle éminence ne vient indiquer la présence d'un palais qu'il eût été facile d'explorer. C'est plus loin, au sud, à Nimroud et à Kalah-Sherghat que les explorateurs anglais ont dégagé d'autres palais assyriens, débris des anciennes capitales de l'empire, lorsque Ninive n'avait pas encore conquis cette importance ; nous n'aurons pas à nous en occuper ici.

Avant même que la lecture des nombreuses inscriptions exhumées de ces ruines ne fût assurée, l'ensemble de ces recherches permit d'établir que les monuments qu'on allait explorer sur le sol de Ninive appartenaient à une dynastie puissante dont le chef était Sargon, et dont l'un des derniers rejetons était Assur-bani-pal. Pour arriver à ce résultat, il suffisait de suivre les indications qui étaient révélées par l'étude des inscriptions trilingues, dans lesquelles on voyait un idéogramme assyrien traduit par un mot perse. Les noms propres étaient indiqués par un signe particulier ; puis on connaissait les signes qui voulaient dire " fils, roi, pays ; " et ces idéogrammes donnèrent la possibilité d'établir la filiation qui plaçait les constructeurs des différents palais découverts sur le sol de l'Assyrie sous une même dynastie ou sous des dynasties différentes. On apprit ainsi que les rois qui avaient édifié les palais de Nimroud ne se rattachaient pas à la même origine que les rois dont on voyait les noms sur les murs et sur les briques des palais de Ninive et de Khorsabad ; ceux-ci étaient d'une époque beaucoup plus récente, et on ne tarda pas à en être convaincu par le contenu des inscriptions.

Sargon, Sennachérib, Assarhaddon nous étaient plus ou moins connus par la Bible ou par les traditions des Grecs, mais Assurbani-pal était complètement oublié dans l'histoire. Les inscriptions seules pouvaient nous renseigner sur ce prince, son règne et ses exploits. Voyons d'abord quelle était à ce moment la dernière capitale de l'empire d'Assyrie.

Les indications matérielles qui résultaient des fouilles suffisaient déjà pour nous permettre de reconstruire par la pensée la grande cité : on comprit qu'elle s'étendait des deux côtés du fleuve et qu'elle était dominée par les palais édifiés sur la rive gauche, dans l'enceinte royale dont nous avons suivi la trace. Cette ville cependant n'était pas la ville antique. La vieille Ninive dont le nom se trouve dans la Genèse avait subi une première dévastation : elle avait été détruite de fond en comble avant l'avénement de Sennachérib, et la destruction en avait été si complète que les fouilles ne nous ont fait connaître jusqu'ici qu'une statue mutilée d'un de ses premiers rois pour témoigner de son existence antérieure.

Tout ce que nous savons sur elle nous est donné par les inscriptions des prédécesseurs de Sargon qui nous en parlent tantôt comme d'une capitale, tantôt comme d'une ville considérable où les rois d'Assyrie venaient recevoir des tributs lorsque le siége de l'empire était à Kalakh ou à El-Assur. La Ninive que les inscriptions et les ruines nous ont fait connaître est celle des rois du dernier empire ; elle fut leur capitale pendant la période qui s'écoula depuis l'avénement de Sargon, 721 avant J.-C., jusqu'à la chute du dernier des Sargonides, vers l'an 606 avant J.-C. C'est cette ville que nous connaissons aujourd'hui par les ruines des palais de Sennachérib, d'Assarhaddon et d'Assur-bani-pal.

D'après les historiens grecs, le dernier roi d'Assyrie se nomme Sardanapale. On sait comment ils nous ont raconté la chute de ce grand empire et la fin tragique de ce malheureux prince; suivant les traditions, Sardanapale aurait péri sur un bûcher au milieu de ses femmes, pendant que l'ennemi, maître de la capitale, incendiait les palais et les temples et en faisait un monceau de ruines. Jusqu'ici rien n'est venu confirmer sur ce point les récits des Grecs.

Il ne faut pas songer à rapprocher le nom de Sardanapale de celui d'Assur-bani-pal, quelle que soit la similitude de consonnance à laquelle le nom assyrien pourrait se prêter. Sardanapale serait, d'après les Grecs, un prince efféminé et le dernier souverain de l'empire; d'après les inscriptions, Assur-bani-pal est un prince guerrier qui a poussé ses conquêtes jusqu'au delà de l'Egypte et de l'Ethiopie, et qui, pendant plus de vingt ans de règne, a permis à Ninive d'atteindre au plus haut degré de splendeur. Enfin ce prince a eu un successeur avant la chute définitive de Ninive et de l'empire, et dès lors toute assimilation avec le Sardanapale des Grecs devient impossible.

II

LES LIVRES

~~~~

L E palais d'Assur-bani-pal est le plus
récent et le plus remarquable entre tous
ceux qui ont été exhumés des monticules qui
s'élèvent sur l'emplacement de Ninive. Il devait
comporter un étage et se terminer par une
charpente de cèdre. La disposition des lieux
permet de se rendre compte de cet ensemble
de salles splendidement décorées de bas-reliefs
et reliées par de vastes couloirs qui établissent
entre elles une communication facile. Les
sculptures représentent des sujets empruntés
aux épisodes les plus glorieux de l'histoire.

On a imaginé des restaurations habilement exécutées, en suivant les indications qui sont fournies par les textes mêmes, et qui donnent parfaitement une idée de l'aspect de ce monument; mais pour faire comprendre l'agencement de ces nombreuses salles et la splendeur de leur décoration, il faudrait nous engager dans des longueurs qui nous éloigneraient du but auquel nous devons arriver ; il nous suffit de dire ici que c'est dans ce palais que se trouve la Bibliothèque dont nous voulons étudier le contenu. Voici dans quel état M. Layard en a trouvé les débris.

Après avoir mis au jour un certain nombre de chambres toutes remarquables par les sculptures qui décoraient les murs, l'explorateur anglais en trouva deux qui attirèrent particulièrement son attention : à la hauteur de cinquante centimètres environ, le sol était couvert de débris de tablettes chargées d'écriture. Quelques-unes étaient encore entières, mais la plupart d'entre elles étaient brisées en plusieurs fragments. Il y en avait de différentes dimensions; les plus grandes mesuraient environ neuf pouces anglais sur six ; les plus petites étaient légèrement convexes ; d'autres, qui avaient à peine un pouce de diamètre, ne renfermaient qu'une ou deux lignes de caractères. Ces débris se comptaient par milliers. On s'empressa de les recueillir et ils furent entassés dans des caisses suivant le hasard des découvertes, pour être expédiées au Musée Britannique. Ce fut alors seulement qu'on put les étudier et apprécier l'intérêt de leur contenu. On comprit qu'il devait rester encore dans les ruines une grande quantité de ces tablettes, et qu'à l'aide de fouilles nouvelles on pourrait combler des lacunes regrettables. M. G. Smith fut chargé de cette délicate mission ; ses recherches eurent un grand succès ; il parvint, en effet, à compléter certaines tablettes dont on n'avait que des fragments, et à en réunir encore plusieurs milliers éparses non-seulement dans les chambres que M. Layard avait explorées, mais encore dans les chambres voisines. Il acquit la certitude que ces tablettes étaient déposées à l'étage supérieur du monument et qu'elles avaient été précipitées sur le sol des chambres inférieures par une destruction violente. Il constata également que les ruines avaient été déjà explorées; mais il put se convaincre que ceux qui les avaient ainsi fouillées n'avaient eu d'autre but que de chercher à découvrir les métaux précieux qui pouvaient s'y trouver.

Ces tablettes ne sont autres que les *Livres* des Assyriens, et la partie du palais où on les a trouvées en aussi grande abondance était une *Bibliothèque*.

Il est assez difficile, au premier abord, de se faire une idée d'une pareille Bibliothèque. La forme de ces livres étranges a besoin d'explication; ils ne sont pas encore suffisamment connus pour que nous puissions passer sous silence ce qu'ils ont d'insolite dans la forme, et les difficultés qu'il a fallu vaincre pour les comprendre. L'écriture avait été oubliée depuis longtemps, lorsque les premiers échantillons en furent remarqués en Occident; on sait que cette écriture à laquelle on a donné le nom de *cunéiforme* se compose d'éléments qui ont l'apparence de clous, de coins, de fers de flèche ou de lance qui ne paraissaient combinés, suivant le caprice des artistes, que pour faire une décoration bizarre sur les murs des palais.

C'est, en effet, sur les murs des palais, à Persépolis, qu'on en signala pour la première fois l'existence, vers la fin du XVIᵉ siècle. On a mis deux cents ans à s'apercevoir que ces signes n'étaient pas des ornements futiles, et qu'ils exprimaient non-seulement une écriture, mais encore plusieurs sortes d'écritures et plusieurs langues. Les inscriptions de Persépolis forment des groupes dans lesquels on distingue trois colonnes répondant à trois sortes d'inscriptions; elles sont, en effet, trilingues : les inscriptions de la première colonne sont écrites avec des caractères auxquels on a reconnu des valeurs analogues à celles de nos alphabets et expriment le perse, la langue maternelle de Cyrus; les deux autres, écrites avec des caractères d'une nature différente de celle des inscriptions de la première espèce, mais identique dans les deux textes, représentent des caractères à la fois phonétiques, syllabiques et idéographiques. Ce système est ainsi beaucoup plus compliqué, et si le principe de l'écriture de ces deux textes est le même, la langue est tout autre. L'une des inscriptions exprime la langue des Mèdes; l'autre, la langue de l'Assyrie et de la Chaldée. On s'attaqua naturellement pour déchiffrer ces textes au genre d'écriture qui parut le moins compliqué.

Lorsqu'on fut bien convaincu, au commencement de ce siècle, que ces groupes de clous formaient des lettres, Grotefend, un savant de Hanovre, indiqua un jour quelques mots qu'ils devaient exprimer. C'étaient les noms d'Ormuzd, de Darius, de Xerxès et des Achéménides. Alors on se mit à l'œuvre; mais il a fallu vingt-cinq ans de travaux incessants et le concours des savants les plus persévérants en France, en Angleterre et en Allemagne, pour lire ces mots que Grotefend avait devinés dans un élan de génie.

On peut se rendre compte de ces efforts par les travaux qui ont été accomplis sur le nom d'Ormuzd, nom perse composé de sept caractères représentant six valeurs différentes et qu'on prononce *Auramazda*. Münter, un prédécesseur inconscient de Grotefend, avait attribué la valeur de *a* à un signe qui se trouvait précisément dans ce nom ; Grotefend, tout en indiquant le groupe qui devait le contenir, n'était parvenu, par une lecture provisoire, qu'à déterminer trois lettres de plus, *u, r, d.* Saint-Martin, après dix ans de recherches, n'avait pas encore dépassé la lecture du savant hanovrien, lorsque Rask, dans une remarquable critique du travail de Grotefend, fut conduit à la lecture d'une lettre nouvelle, l'*m* ; mais il en manquait encore une, le χ. Des travaux d'une autre nature vinrent alors donner un puissant appui à ces recherches. Les études sur les livres de Zoroastre avaient fait connaître la forme antique du nom d'Ormuzd, et E. Burnouf parvint, en s'appuyant sur ses travaux sur le Yaçna, à déterminer la valeur de la lettre si longtemps cherchée et à lire définitivement le nom du dieu de Zoroastre. Les travaux de Lassen et de Rawlinson confirmèrent ces découvertes et l'alphabet perse fut complet. L'Europe du XIXe siècle ne devait retrouver la langue des Perses et des Assyriens qu'au prix des dévouements les plus désintéressés : une vie d'homme pour chaque lettre de cet antique alphabet.

Il restait encore deux colonnes d'inscriptions à lire. On soupçonna que ces deux espèces d'inscriptions n'étaient que la traduction du texte perse ; mais il fallait s'en convaincre. Les textes de la seconde colonne furent tout d'abord mis un peu à l'écart dans les travaux des savants. On ne connaissait aucune inscription analogue ; et, dès lors, l'intérêt de les déchiffrer, lorsqu'on devait arriver à la traduction d'un texte déjà compris d'avance, n'était que spéculatif. Il n'en fut pas ainsi des textes de la troisième colonne. On constata que cette écriture était celle qu'on rencontrait sur certains monuments qui nous venaient de la Chaldée, et que la langue qu'elle exprimait pouvait être la langue de Ninive et de Babylone. L'intérêt devint considérable au moment de la découverte des nombreux textes de l'Assyrie.

Les travaux qui ont permis de lire ces inscriptions ont marché plus rapidement que ceux qui ont été accomplis sur les inscrip-

tions perses. La méthode philologique était,
du reste, indiquée ; il suffisait d'en faire une
judicieuse application. Les premières lectures
furent proposées en France, en 1849, par
M. de Saulcy, sur les textes de Persépolis. Au
même moment, Sir H. Rawlinson expliquait
le texte assyrien de l'inscription de Bisitoun.
Depuis cette époque, les travaux ont été
poursuivis, en France et en Angleterre, par
Hincks, Norris, Oppert et l'auteur de ces pages,
avec une persistance qui permet aujourd'hui de
donner aux études assyriennes un développement qu'on était loin de soupçonner au
début. Cette écriture fut celle des peuples de la
Haute-Asie ; elle servit à exprimer toutes les
langues de ces contrées et particulièrement la
langue de l'Assyrie et de la Chaldée, dans
laquelle sont conçus les documents renfermés
dans la Bibliothèque dont nous allons étudier
les débris.

Aujourd'hui on s'étonne que cette écriture
soit restée si longtemps un mystère, car
elle a été en usage dans toute l'Asie occidentale
pendant plus de vingt siècles, et elle était

encore employée à Babylone, au commencement de notre ère, dans les transactions ordinaires de la vie privée.

La Bibliothèque de Ninive n'était pas isolée en Assyrie et en Chaldée ; il en existait de semblables dans les grandes villes de ces deux empires, et nous avons la preuve que les Grecs ont pu les consulter. On sait que Bérose puisa dans les archives du cours inférieur de l'Euphrate les renseignements avec lesquels il composa son histoire, dont malheureusement il ne nous est parvenu que des fragments. Pline nous a parlé de ces bibliothèques et de ces livres écrits sur la brique, *coctiles laterculi*, sans que cette désignation étrange ait éveillé la curiosité des érudits de l'Occident avant que les découvertes modernes aient rendu à cette expression toute sa valeur.

Les scribes de l'Assyrie et de la Chaldée savaient sans doute se servir du pinceau ou du calamos. Les bas-reliefs nous montrent des préposés tenant en main des bandes flexibles sur lesquelles ils lisent, comptent et supputent les tributs des vaincus, quelquefois le nombre des têtes des ennemis qu'on dépose à leurs pieds. Il a donc pu exister dans la Haute-Asie des livres analogues aux papyrus égyptiens, mais ils ne sont pas parvenus jusqu'à nous. La nature du sol explique pourquoi ils ont dû périr; il n'en était pas ainsi des tablettes d'argile.

L'Assyrie et la Chaldée ne nous ont pas, en effet, légué d'autres *Livres*. L'argile, cette terre plastique de la Babylonie, se prêtait, du reste, merveilleusement à cet emploi, et les moyens graphiques dont on disposait ont donné aux caractères la forme particulière qui leur a valu la dénomination étrange sous laquelle cette écriture a été désignée. Les inscriptions sculptées ou gravées sur les murs des palais, sur les stèles, sur les rochers ou sur les bijoux, ne peuvent donner une idée de ce fait. Le sculpteur ou le graveur en a exécuté les caractères d'après le type convenu, en leur imprimant un aspect monumental qui ne laisse pas soupçonner la forme primitive; mais les inscriptions tracées sur la brique nous montrent les caractères

cursifs tels que le scribe pouvait les former
en écrivant plus ou moins rapidement ou plus
ou moins bien, selon qu'il était plus ou moins
habile ou pressé, et il nous est facile de voir
que l'apparence *cunéiforme* des caractères pro-
vient de l'instrument à l'aide duquel ils étaient
tracés. Il est d'autant plus aisé de s'en convaincre qu'on a trouvé cet instrument dans
les ruines. C'est un style terminé par une
coupe triangulaire dont il est facile de supposer l'usage. Figurez-vous, en effet, ce style
tenu de la main droite entre le pouce et les
deux premiers doigts, de manière que l'ex-
trémité triangulaire puisse se présenter sur un
gâteau d'argile préparé en tablette et posé à
plat dans la main gauche. Il suffit alors d'appuyer légèrement la partie triangulaire du style
sur l'argile pour obtenir un trait, et ce trait a
précisément la forme d'un *clou*. Un simple
mouvement de la main gauche, qui présente
la tablette, permet de former des groupes de
traits perpendiculaires ou horizontaux. Ces
groupes sont les caractères de ce bizarre
alphabet dans lequel chaque signe représente

soit une lettre, soit une ou plusieurs syllabes et quelquefois un mot.

Les calligraphes assyro-chaldéens étaient arrivés à former les signes avec une grande perfection et probablement avec une grande rapidité. Les caractères sont quelquefois si fins et si serrés que sur quelques tablettes les signes ne peuvent être lus qu'au moyen d'une loupe; et l'écriture s'étend sur les deux côtés de la tablette. Lorsque l'argile était ainsi couverte d'écriture, on la laissait sécher, puis elle était soumise à une cuisson intelligente qui lui donnait la dureté et l'inaltérabilité de la brique.

Les monuments d'argile n'avaient pas toujours la forme de tablettes; ils affectaient aussi celle de barils, de cylindres ou de prismes de différentes dimensions. Ces documents paraissent avoir été spécialement consacrés au récit des guerres et des exploits des rois; c'étaient souvent les copies des inscriptions murales; elles étaient transcrites sur plusieurs exemplaires et on les déposait soigneusement dans les fondations des palais. La fin de ces inscriptions était surtout remarquable; on y lisait, comme dans les inscriptions murales, une formule de prière pour en assurer la conservation.

Nous citerons à ce sujet la fin d'une inscription d'Assarhaddon, datée du mois *Abu*, qui correspond au mois de juillet de l'année 672 avant J.-C. [1] :

« Je dis ceci aux rois mes fils, à ceux que dans la
« suite des jours Assur et Istar appelleront à régner sur
« la terre et les hommes : ce palais vieillira, il
« tombera en ruine ; relevez ces ruines, et comme j'ai
« mis mon nom à côté de celui du père qui m'a engen-
« dré, fais ainsi, toi qui régneras après moi, conserve la
« mémoire de mon nom, restaure mes inscriptions,
« relève les autels, écris mon nom à côté du tien, et alors
« Assur et Istar entendront ta prière. »

On voit que les rois d'Assyrie étaient très-soucieux de l'avenir et voulaient transmettre leurs œuvres à la postérité la plus reculée.

---

[1] Conf. : Textes : LAYARD, pl. 20-29-54. — W. A. I. I, pl. 47-48. — W. A. I. III, pl. 15-16. — Trad. : OPPERT, *Les Sargonides*, p. 60. — J. MENANT, *Annales des rois d'Assyrie*, p. 247.

Quand on songe que ces récits étaient tracés sur une matière inaltérable et que l'eau ou le feu ne pouvaient les détruire, il est facile de comprendre que ceux qui écrivaient ainsi, il y a trente ou quarante siècles, croyaient que les monuments de leur histoire étaient réservés à un avenir assuré, plus assuré que celui qui est promis à ces feuilles légères que l'imprimerie propage avec une si prodigieuse fécondité. Du reste, pour multiplier également les textes, les procédés de l'impression ne leur faisaient pas défaut ; on a même trouvé les planches gravées qui ont servi à *imprimer* les inscriptions des innombrables briques que les rois de Babylone employaient dans la construction de leurs palais.

Parmi toutes les nations qui nous ont légué des témoignages écrits de leur vie passée, on peut donc affirmer que nulle d'elles ne nous a laissé des monuments plus indestructibles que l'Assyrie et la Chaldée. Leur nombre est déjà considérable ; il s'accroît chaque jour par des découvertes nouvelles. Il n'est pas possible de prévoir ce que l'avenir nous réserve à ce sujet; mais, quant à présent, nous pouvons déjà évaluer l'ensemble des documents que nous possédons. Les seuls débris de la Bibliothèque de Ninive forment une masse de plus de cent mètres cubes; le nombre des tablettes s'élève à plus de dix mille, et leur contenu couvrirait, dans la forme ordinaire de nos livres actuels, plus de cinq cents volumes de cinq cents pages in-4°.

Si nous comparons ces textes à ceux qui nous viennent des autres nations, il nous est facile de nous convaincre que l'histoire de la civilisation assyro-chaldéenne sera bientôt une des mieux connues de toutes celles de l'antiquité; un puissant attrait nous invite à la comprendre. On sait que la vie du peuple juif a été mêlée à l'histoire de Ninive et de Babylone, et il n'est pas sans intérêt de savoir ce que les Juifs ont pu apprendre ou donner à leurs redoutables ennemis.

La Bibliothèque royale de Ninive offre un ensemble complet des connaissances des Assyriens à cette époque; elle avait été formée avec beaucoup de soin. Assur-bani-

pal avait réuni dans son palais non-seulement tous les livres qui peuvent nous donner
une idée de l'état de la science au VIIe siècle
avant notre ére, mais encore il avait chargé
des savants spéciaux de rechercher et de
recueillir dans les autres bibliothèques de l'empire les anciennes traditions, et de relever à
Érech, à Agadé, à Borsippa, à Babylone et probablement dans d'autres dépôts, des copies de
livres anciens ; de sorte que nous pouvons, à
l'aide de ces documents, refaire pour ainsi
dire l'histoire de l'Asie occidentale. On ne
saurait douter de la part que le prince a prise
à cette œuvre ; elle nous est attestée par un
grand nombre de tablettes qui se terminent
ainsi [1] :

« Palais. Assur-bani-pal, roi des Légions des Peuples,
« roi d'Assyrie, à qui le dieu Nabu et la déesse Tasmit
« ont donné des oreilles attentives et des yeux ouverts
« pour voir les récits des écrivains de mon royaume que
« les rois mes prédécesseurs ont employés. Dans mon
« respect pour Nabu, le Dieu de l'intelligence, j'ai

[1] Conf. : Textes : W. A. I. II, pl. 21, 23, 27, 33, 45, 51,
et passim.

« recueilli ces tablettes, je les ai fait écrire, je les ai
« signées de mon nom et je les ai déposées dans mon
« palais. »

Ces tablettes étaient confiées à la garde
d'un fonctionnaire spécial, *Nisu Duppisati*. Un
examen attentif des incriptions nous prouve
qu'elles étaient rangées dans la Bibliothèque
suivant un ordre méthodique facile à reconstituer. Lorsque la nature du sujet comporte
une série de tablettes, le récit commencé sur
l'une d'elles se continue sur d'autres de même
forme et de même dimension ; quelquefois le
nombre des tablettes de la même série est très-
élevé. Chaque sujet ou chaque série de tablettes porte un titre formé par les premiers
mots de l'inscription et se répète sur toutes
celles de la série. Ainsi chaque tablette d'une
série de sujets astronomiques dont le nombre
dépasse soixante-dix porte ce titre : *Quand les
Dieux Anu et Ilu*. Ces mots sont le commencement de la première tablette ; à la fin de la
tablette on indique le rang qu'elle occupe dans
la série par cette mention : Première tablette
(de la série) : *Quand les Dieux Anu et Ilu ;* ou

bien, seconde tablette, troisième tablette (de la série) : *Quand les Dieux Anu et Ilu*, et ainsi de suite pendant toute la série. Il y a plus : pour s'assurer que chaque tablette conservera la position respective qu'elle occupe dans la série, la dernière ligne de chacune d'elles est répétée à la première ligne de la tablette suivante. Enfin, on a constaté qu'il existait des catalogues écrits également sur des tablettes ; d'autres tablettes, plus petites, portant simplement le titre des ouvrages, sont destinées sans doute à indiquer les différentes séries.

Tous ces arrangements prouvent avec quel soin on avait distribué ces documents, et nous permettent aujourd'hui de reconstituer les différentes séries et de les étudier dans l'ordre où elles devaient se trouver jadis.

Quels sont maintenant ces *Livres* qui étaient recueillis et conservés avec tant de soin par les rois d'Assyrie dans ce précieux dépôt ? Nous y trouvons des livres sur l'histoire, la religion, les sciences naturelles, les mathématiques, l'astronomie, la grammaire, les lois et les coutumes; toutes les sciences en un mot, depuis les plus élevées jusqu'aux traités les plus élémentaires de l'art d'écrire et de parler la langue de Ninive et de Babylone. C'est précisément par l'exposé des renseignements qui nous sont fournis par les Assyriens eux-mêmes sur leur écriture et sur leur langue, que nous devons commencer cet exposé très-sommaire du contenu de la Bibliothèque d'Assur-bani-pal.

III

L'ÉCRITURE & LA LANGUE

~~~~~

UELQUE aride que puisse paraître cette partie de notre tâche, on ne saurait la passer sous silence sans s'exposer à méconnaître l'importance même que les découvertes assyriennes ont dans l'histoire du monde; nous en parlerons donc aussi succinctement qu'il nous sera possible. Nous avons déjà dit comment on était arrivé à lire sur les murs de Persépolis les différentes écritures en caractères cunéiformes. Lorsque cette lecture fut à peu près assurée, les recherches sur les textes assyriens firent comprendre qu'on pouvait arriver à remonter jusqu'à l'origine même du système graphique.

On s'aperçut que cette écriture était antérieure à la civilisation assyrienne; qu'elle devait avoir été inventée par un peuple qui avait transmis aux Assyriens de nombreux documents de son histoire; c'est ainsi que nous trouvons des inscriptions dont nous lisons les mots, mais qui ne peuvent être comprises que par les traductions assyriennes qui les accompagnent; ces inscriptions bilingues nous donnent la clef de cette langue antique encore mal définie et si difficile à comprendre et à classer.

D'un autre côté, nous savons que le même système graphique a été employé en Arménie et à Suse pour écrire encore deux langues différentes, et enfin qu'il a été répandu dans toute l'Asie occidentale dès la plus haute antiquité et chez les peuples les plus divers.

Nous sommes loin des trois langues dont les inscriptions de Persépolis nous avaient donné les premiers échantillons.

Pour comprendre maintenant l'étendue des

recherches que ces inscriptions comportent, il faut nous servir ici des renseignements que les Assyriens eux-mêmes nous ont donnés sur leur histoire. •

Les Assyro-Chaldéens ne sont pas, en effet, les premiers possesseurs du sol qu'ils ont glorieusement occupé si longtemps. La trace de la population aborigène avait déjà disparu quand ils s'y sont établis, et aujourd'hui tous les efforts de la science ne parviendront peut-être pas à la retrouver. Mais on connaît leurs prédécesseurs immédiats ; on sait, en effet, que la civilisation assyro-chaldéenne a été précédée d'une civilisation toute autre, à laquelle les sujets d'Assur-bani-pal avaient emprunté leurs lois, leur culte et jusqu'aux éléments de leur écriture. On peut discuter le caractère de cette civilisation, le nom par lequel on doit la désigner, mais elle était assurément différente de celle des Assyro-Chaldéens. Les Assyriens eux-mêmes nous diront un jour cette histoire et nous verrons bientôt dans quels documents nous pourrons la puiser. En attendant, nous appelons ces peuples du nom qui leur est donné dans les inscriptions, ce sont *les hommes de Sumer ;* et dès lors, nous désignons par le nom de *Sumérien* leur langue et leur écriture. N'oublions pas que si l'écriture de ce peuple antique est la même que celle du peuple assyro-chaldéen, la langue est différente ; or, nous allons nous trouver bientôt en présence · de textes écrits dans cette langue, et d'autres textes dans lesquels nous verrons figurer simultanément les deux langues. Il faut d'abord se rendre compte de cette première difficulté pour bien comprendre celles que l'on a dû surmonter pour arriver à traduire les documents bilingues que les fouilles nous ont procurés et que nous allons examiner.

Pour nous faire une idée du problème qui nous occupe, supposons que, dans quelques milliers d'années, un savant des âges futurs trouve les débris d'une de nos bibliothèques modernes, et qu'il s'aperçoive tout à coup qu'il est en présence de livres écrits avec les mêmes caractères, mais appartenant à des langues différentes ; que parmi ces langues, l'une, qu'il a déjà appris à connaître, est le français ; l'autre, dont il voit de nombreux documents ainsi que des citations éparses, est le latin. Il sait que cette langue était celle d'un peuple qui a précédé la civilisation française ; il sait que l'alphabet est le même ; il lit et comprend une de ces langues ; il lit et cherche à comprendre l'autre. En examinant avec cette idée les découvertes assyriennes, nous aurons précisément une idée de notre position relative, à nous autres philologues du XIXᵉ siècle, en présence de la Bibliothèque royale de Ninive.

Nous pouvons maintenant passer en revue les Livres que nous avons recueillis dans ces ruines.

Les premiers documents que nous devons essayer de faire connaître sont naturellement relatifs à l'écriture, parce qu'ils vont nous renseigner sur la valeur des signes : ce sont *Les Syllabaires*. Ils représentent des tableaux disposés comme ceux qui servent encore aujourd'hui dans nos écoles primaires. Leur mécanisme est assez simple ; les signes sont disposés sur trois colonnes ; au milieu se trouve le signe à expliquer ; à droite la valeur primitive du signe indiquant sa valeur phonétique ; à gauche, sa valeur idéographique traduite par un mot assyrien. Ces tableaux nous donnent ainsi les deux valeurs principales des caractères, l'une idéographique, l'autre phonétique. Nous voyons, par exemple, que tel signe inscrit dans la colonne du milieu a la valeur de *an* ; elle est indiquée par la valeur de la première syllabe du nom inscrit dans la colonne à gauche, ou nous lisons *annap*, qui, dans la langue sumérienne primitive, veut dire « Dieu » ; nous savons du reste cette signification par le texte perse ; mais, en assyrien, Dieu se dit *ilu*, et ce mot est inscrit dans la colonne à droite. Des centaines d'exemples nous montrent que toujours l'articulation phonétique correspond à la première articulation de l'idéogramme dans la vieille langue et qu'elle s'écarte de celle du mot qui exprime la même idée dans la langue relativement moderne. Voilà pourquoi il a été permis de croire que ce sont les prédécesseurs immédiats des Assyriens qui ont inventé le système graphique qu'ils leur ont légué.

Ces syllabaires étaient rédigés avec un certain

ordre. Pour pouvoir retrouver facilement le signe à expliquer, les signes étaient disposés suivant un arrangement matériel reposant sur la similitude des formes; il devait en être ainsi, car on voit que parmi ces signes quelques-uns paraissent avoir été employés dans leur état primitif, et que d'autres qui les suivent sont le résultat de combinaisons conventionnelles résultant de l'agencement des premiers signes.

Il est probable que ces tablettes étaient répandues dans les écoles primaires de l'Assyrie et que les enfants s'exerçaient sous une direction pédagogique intelligente à en comprendre la valeur. Les Ninivites, initiés de bonne heure à l'étude des trois ou quatre cents signes de l'écriture sumérienne, arrivaient promptement à lire avec facilité les textes écrits dans les deux langues. Il y a peu de temps que le latin n'est plus compris dans l'enseignement des écoles primaires; sous Assur-bani-pal, le sumérien tendait aussi à disparaître, cependant il n'était pas encore oublié et l'enseignement en était encore nécessaire. Aussi, quelques syllabaires

étaient même plus compliqués que ceux dont
nous venons de parler. Ils présentaient alors
quatre colonnes. Les trois premières étaient
analogues à celles que nous connaissons ; la
quatrième était destinée à expliquer l'origine
et la formation de certains caractères.

Un exemple suffira pour faire comprendre la
disposition de ces tableaux. Supposons que nous
assistons à la leçon du pédagogue ninivite, qui,
en présence des tableaux que nous venons de
décrire, adresse à ses élèves une série de questions qui appellent des réponses, et donnent
lieu à un dialogue que nous pouvons résumer
ainsi :

D. — Quelles sont les valeurs phonétiques
de ce signe ?

R. — *As, rum, dil.*

D. — Comment le nommez-vous ?

R. — *Dilu.*

D. — Et celui-ci, quelle en est la valeur
phonétique ?

R. — *Hal.*

D. — Quelle est sa valeur idéographique ?

R. — *Itallaku* (marcher rapidement).

D. — Comment le nommez-vous ?

R. — *Diliminnabi* (c'est-à-dire formé du signe *dilu*, le premier que nous avons cité, et du mot *minnabi*, qui veut dire répété deux fois).

Du moment où le mécanisme de ces tablettes fut trouvé, on comprit l'importance qu'on devait accorder à leur étude et le parti qu'on pouvait en tirer pour la lecture des textes.

A côté de ces documents d'un usage évidemment élémentaire, nous en rencontrons de plus avancés qui sont de véritables *Grammaires*.

Les grammairiens de Ninive n'étaient pas naturellement des philologues comme nous l'entendons aujourd'hui; ils n'en avaient pas moins une aptitude spéciale pour étudier l'histoire des transformations de leur écriture et des règles de leur langue. On est en droit de supposer qu'ils avaient même des notions de philologie comparée, et qu'ils se rendaient parfaitement compte des différences caractéristiques des deux idiomes qui se trouvaient alors en présence.

La langue sumérienne n'est pas encore suffisamment comprise pour en formuler les règles d'une manière rigoureuse, mais la langue assyrienne est aujourd'hui parfaitement connue. On sait la place qu'elle occupe parmi les langues de l'Asie occidentale, et qu'elle a conservé toute sa pureté pendant la longue période de son existence qui embrasse plus de vingt siècles; elle participe de cette fixité qui fait un des caractères les plus apparents de ce groupe, qu'on désigne sous la dénomination conventionnelle de *langues sémitiques*. Les inscriptions sont généralement d'une correction parfaite, quelle que soit l'époque de leur rédaction et quels que soient les sujets dont elles nous entretiennent. Les contrats qui consacrent les transactions les plus vulgaires présentent la même pureté que les textes scientifiques les plus importants. Les règles de la grammaire sont du reste assez simples; aussi dès que la connaissance de la valeur des signes a permis d'assurer la lecture des textes, les formes grammaticales se sont dégagées avec une grande précision.

Les grammaires que nous trouvons dans la Bibliothèque de Ninive paraissent, en général, avoir été faites en vue de l'enseignement simultané du sumérien et de l'assyrien, telles que nos grammaires latines·rédigées en français, avec cette différence que si les formes sumériennes sont en regard des formes assyriennes, comme nous trouvons des paradigmes et des conjugaisons latines en présence du français, c'est au profit de la langue moderne que l'explication a lieu.

Les séries des tablettes grammaticales étaient fort nombreuses, et dans chaque série il y avait un grand nombre de tablettes. Si les principales divisions des différentes parties du discours sont nettement posées, les exemples ne paraissent souvent disposés qu'en vue de se graver dans la mémoire par une répétition pour ainsi dire machinale. C'est du reste la méthode la plus pratique pour arriver promptement à un bon résultat. Nous trouvons une série de tablettes intitulées *ana itti su* qui nous

montre le rôle des pronoms : pronoms per-
sonnels, pronoms possessifs, pronoms relatifs.
Une autre série nous initie aux formes verbales
et alors nous voyons les différentes conjugaisons qui se développent en colonnes parallèles, le sumérien d'un côté et l'assyrien de
l'autre. Les autres parties du discours présentent du reste la même disposition avec une
régularité que le philologue sait parfaitement
apprécier.

Ce n'est pas tout : quelques tablettes nous
offrent des exemples d'analyses, et sont consacrées à faire ressortir le rôle des différents
mots qui composent une phrase.

A mesure qu'on avance, on s'aperçoit que
l'enseignement a pourvu aux différents besoins
des élèves ; aussi, il ne faut pas être surpris
de rencontrer dans la Bibliothèque de Ninive
des traductions interlinéaires, qui ne laissent
rien à envier à nos éditions classiques les
mieux comprises.

Le complément de ces études philologiques
se trouve dans des *Dictionnaires* à l'usage des
deux langues, comme nos dictionnaires latin-

français ou français-latin, et qui permettent de traduire l'expression assyrienne par un mot sumérien ou réciproquement.

Le mot sumérien se trouve dans la première colonne à gauche, l'assyrien en face; le plus souvent les mots paraissent groupés d'après des assonances en rapport avec les mots assyriens; quelquefois, mais rarement, par une certaine analogie des objets désignés; dans d'autres cas, c'est le vocabulaire d'un texte déterminé qu'on pourrait reconstruire et qui n'a alors qu'une application spéciale.

L'ensemble des traités pédagogiques est donc complet; malheureusement, en fait, de nombreuses lacunes existent dans ces différents traités, et c'est à les combler que l'attention des explorateurs est particulièrement dirigée aujourd'hui. Je n'ai pas besoin d'ajouter que cet exposé succinct des éléments qui nous sont fournis par les Assyriens eux-mêmes, et que je me suis efforcé de rendre aussi accessible que possible à nos idées modernes, ne se dégage pas aussi facilement des nombreux documents exhumés des ruines du palais de Koyoundjik

qu'on serait tenté de le croire au premier
abord. Lorsque l'ordre matériel a été provi-
soirement établi, il a fallu méditer longtemps
devant ces clous enchevêtrés qui voulaient dire
des mots qu'on ne comprenait pas, et en
trouver la relation avec ceux qu'on commençait à comprendre. Il faut avoir participé
aux premiers déchiffrements de l'écriture assyrienne pour se rendre compte des difficultés
qu'on avait à surmonter alors ; car ceux-là qui
poursuivent aujourd'hui avec tant de facilité
les explorations philologiques de l'Assyrie et
de la Chaldée, ne paraissent pas se douter des
efforts que leurs prédécesseurs ont dû déployer
pour leur ouvrir une voie qui devient de plus
en plus aisée à parcourir.

IV

L'HISTOIRE

~~~~~

MAINTENANT que nous sommes initiés à la lecture des textes assyriens par les Assyriens eux-mêmes, les premiers livres que nous devons interroger dans la Bibliothèque que nous explorons sont ceux qui ont trait à leur histoire. Les grandes lignes de cette histoire nous sont déjà connues par la lecture des inscriptions murales. Nous savons par la disposition des inscriptions dans le palais de Khorsabad que l'histoire des rois d'Assyrie était écrite sur les murs de leurs palais. Les signes, d'une hauteur de quatre à cinq centimètres, étaient gravés avec beaucoup de soin et formaient des inscriptions de douze ou quinze lignes qui se développaient en larges bandes autour des salles. Quelquefois l'écriture s'interrompait pour respecter les bas-reliefs comme à Khorsabad; d'autres fois, elle passait sur les sujets mêmes comme à Nimroud; parfois elle avait tout envahi, les pavés et les montants des portes; on la retrouve entre les jambes des taureaux sculptés et jusque derrière les grandes dalles de gypse enchâssées dans la muraille. Ces inscriptions ont été lues et explorées les premières. Nous avons, en 1863, publié avec M. Oppert la longue inscription des Fastes de Sargon; depuis cette époque, tous les textes royaux ont été interprétés, de sorte que nous possédons aujourd'hui des documents suffisants pour nous faire déjà connaître les grands événements de l'histoire d'Assyrie, depuis l'origine de l'empire jusqu'au moment où nous la prenons ici. Le palais d'Assur-bani-pal nous présente une autre disposition des textes historiques.

L'histoire de ce prince n'est pas, en effet, écrite comme celle de ses prédécesseurs, tout au

long sur les murs de son palais, et on n'y
voit que de courtes notices qui expliquent les
principaux épisodes des sujets sculptés dans les
salles, mais elle est plus longuement déve-
loppée sur des monuments d'une autre nature.
Ce sont des barils ou des prismes d'argile que
l'on déposait dans les fondations du palais et
dont on conservait des exemplaires dans les
bibliothèques. Tous les rois d'Assyrie ont écrit
leur histoire sur des monuments analogues :
Assur-bani-pal avait suivi la coutume de ses
prédécesseurs et nous pouvons d'après ces
textes reconstituer une partie de son histoire.
On a trouvé dans les ruines du palais de
Koyoundjik les fragments de quatre prismes à
six pans en terre cuite ; ces prismes ont été
brisés en un grand nombre de fragments au
moment de leur découverte ; mais comme le
même texte était répété quatre fois, les fragments
se sont complétés les uns par les autres ; par
conséquent, il reste peu de lacunes dans l'ensemble de ce précieux document.

Voici, d'abord, les renseignements qui nous
sont fournis par ces prismes :

Assur-bani-pal monta sur le trône d'Assyrie du vivant de son père Assarhaddon (le 12 avril 667 av. J.-C.) et continua à affermir et à étendre les conquêtes de son prédécesseur. Le texte comprend le récit des huit premières campagnes de ce souverain; il s'arrête au moment où l'empire était dans toute sa gloire et permettait au prince de s'occuper de la construction du palais même dans lequel on a trouvé les prismes; dès lors, il ne nous est plus permis de connaître le récit des événements postérieurs.

Dans sa première campagne, Assur-bani-pal s'avança vers le pays d'Egypte et de Méroë pour poursuivre les conquêtes d'Assarhaddon son père; une révolte venait d'éclater; il parvint à la comprimer et à s'établir de nouveau en Egypte. Dans la seconde campagne, il poursuivit le cours de ses succès et pénétra jusqu'en Ethiopie. La troisième campagne fut dirigée contre Tyr d'une part et contre la Lydie de l'autre; la quatrième contre la Susiane et la cinquième contre le pays de Gamboul.

Pendant que Assur-bani-pal était ainsi occupé aux frontières de ses États, une révolte éclatait au siège même de l'empire. Salmu-kin, le jeune frère du roi, se mettait à la tête de la révolte et soulevait la Chaldée. Ce fut le signal d'une conflagration générale ; tous les princes vaincus dans les campagnes précédentes firent cause commune avec les insurgés et mirent en péril le trône d'Assur-bani-pal. La sixième campagne nous raconte les péripéties et les combats successifs qu'il eut à livrer pour triompher de cette formidable coalition. C'est surtout contre Elam qu'il dut frapper les plus grands coups. Le récit de cette guerre occupe toute la septième campagne. Ce n'est que dans la huitième que la soumission fut complète. La punition fut exemplaire ; la ville de Suse fut ruinée de fond en comble et Assur-bani-pal y entra ; il eut la gloire de rapporter en Chaldée la statue de la déesse Nanna que les Elamites conservaient depuis 1635 comme un trophée de leur victoire [1].

[1] Cette victoire eut lieu dans la sixième campagne ; la statue de la Déesse fut rendue à la ville d'Erech au mois Kislev, par

Maintenant que nous avons une idée de l'état dans lequel se trouvait l'empire d'Assyrie sous Assur-bani-pal, voyons les renseignements que nous pourrons puiser sur son histoire dans la Bibliothèque de son palais.

L'épisode de la guerre d'Elam est un des plus importants que nous puissions signaler; il nous fait remonter aux premières années de l'empire, à une époque antérieure même aux guerres que Babylone eut à soutenir contre Ninive, et nous donne une date précise d'une victoire des Elamites qui n'a pas été sans influence sur les destinées de la Chaldée.

Nous trouvons précisément dans la Bibliothèque un document à l'appui de ce grand événement.

Voici dans quels termes il est rendu compte de cet important épisode de la guerre d'Elam sur une des tablettes de la Bibliothèque d'Assur-bani-pal : [1]

---

conséquent au mois de décembre 659, ce qui reporte la conquête des Elamites à l'an 2294 avant J.-C. C'est l'événement le plus ancien dont la date soit fixée d'une façon positive.

[1] Conf. : Textes : W. A. I., III, pl. 12, col. VII, l. 9.

« La statue de Nanna, depuis 1635 ans, avait été
« enlevée et forcée de demeurer au pays d'Elam dans
« un temple qui ne lui était pas consacré ; cette Déesse
« qui, avec les Dieux ses pères, avait appelé mon nom
« au gouvernement du monde, me commanda de rétablir
« ainsi son image : — Assur-bani-pal, enlève-moi du pays
« impie d'Elam, et ramène-moi au milieu du Bit-Anna.
« — L'ordre de la divinité, qui avait été annoncé depuis
« les jours les plus éloignés, fut répété de nouveau aux
« derniers hommes. J'ai pris les mains de la Grande-
« Déesse, son départ a réjoui mon cœur ; elle s'avança
« vers le Bit-Anna, dans le mois de Kiselev. Je l'ai fait
« entrer dans la ville d'Uruk, dans le Bit-Iliani, qu'elle
« avait aimé, et je lui ai élevé un sanctuaire. »

Après ces victoires, l'ordre étant rétabli
dans ses États, Assur-bani-pal songea à restaurer
le palais de ses pères ; il l'agrandit et en fit la
demeure dans laquelle nous avons trouvé les
documents que nous examinons aujourd'hui.

La Bibliothèque d'Assur-bani-pal renferme
une série de tablettes historiques de la même
nature, qui nous donnent des renseignements
circonstanciés sur des faits énoncés sommai-

M. B. K., 2,664 et 3,101. — Trad. : G. SMITH, *Assur-bani-pal*,
p. 249. — J. MENANT, *Babylone et la Chaldée*, p. 55.

rement dans le texte des prismes. Ainsi la chute d'Elam entraîna la soumission de la Chaldée, mais il fallait encore en finir avec les habitants du Bord de la Mer.

Voici à ce sujet une proclamation adressée aux populations du pays qu'on allait envahir [1] :

« Proclamation du roi aux habitants du Bord de la
« Mer, à leurs fils et à leurs serviteurs. Paix dans leurs
« cœurs et bonheur pour eux !

« J'ai veillé avec vigilance sur vous ; j'ai ouvert sur
« vous mes propres yeux et j'ai..... entièrement les
« fautes de Nabu-bel-zikri. Je vous ai séparés. Maintenant
« je vous envoie Bel-ibni, mon serviteur, mon messager,
« pour veiller sur vous. Je commande, et suivant ma
« volonté...... C'est pourquoi, Moi, je vous envoie mes
« troupes. Je me suis mis avec vous pour garder sous
« ma vue vos biens et vos fortunes.

« Au mois Airu (mai), le 5ᵉ jour, pendant l'année
« de Bel-haran-saduya. »

Cette proclamation était adressée par Assur-bani-pal au moment où il marchait sur les

---

[1] Conf. : Textes : M B. K., 312. — Trad. : G. Smith, *History of Assur-bani-pal*, p. 189. — J. Menant, *Annales*, p. 295.

provinces d'Elam qui s'étaient alliées avec Nabu-bel-zikri, le petit-fils de Mérodach-Baladan, roi de Chaldée, l'ennemi implacable de l'Assyrie. Les mots qui manquent dans le texte que nous venons de rapporter se complètent facilement quand on connaît les péripéties de la guerre d'Elam. Au point où en étaient les choses, le roi faisait savoir que la conduite de Nabu-bel-zikri lui était parfaitement connue et que, suivant sa volonté, il recevrait bientôt le châtiment de ses fautes. On négociait avec Elam pour obtenir, au prix même d'une trahison, la remise de ce chef redoutable ; mais il fallait aussi assurer la paix dans les provinces des Bords de la Mer ; pour obtenir ce résultat, on faisait apparaître le supplice inévitable de Nabu-bel-zikri et l'espoir d'une paix heureuse sous le protectorat de l'Assyrie. Il est facile de voir que les armées ne faisaient pas la seule force des rois d'Assyrie, et que la diplomatie avait souvent une grande part dans le succès de leurs campagnes.

Assur-bani-pal ne pouvait être partout en

personne sur un territoire aussi vaste quand la guerre était engagée à la fois sur toutes les frontières. Sa correspondance était active avec les généraux chargés du commandement de ses armées. Le protocole des dépêches qu'il recevait mérite d'être cité ; il est conforme à une formule traditionnelle dont cette lettre donne un spécimen [1] :

« Au Roi des nations, mon maître, son serviteur
« Bel-zikir-essis.

« Que les Dieux Bel et Marduk accordent des jours
« nombreux, des années éternelles, un sceptre de justice
« et un trône durable au Roi des nations mon maître.

« Au sujet de la mission dont le Roi mon maître m'a
« chargé, je lui parlerai ainsi : Tu apprendras des nou-
« velles du pays d'Aribi (Arabie) ; je t'en envoie un
« récit. »

A cette lettre était joint un rapport sur les opérations militaires qui avaient lieu en Arabie.

Quelquefois le récit était confié verba-

[1] Conf. : Textes : M. B. K., 562. — Trad. : G. SMITH, *History of Assur-bani-pal*, p. 296. — J. MENANT, *Annales*, p. 292.

lement à un messager chargé de le répéter au roi; enfin nous trouvons des correspondances directes échangées entre les souverains. On ne peut méconnaître que ces pièces diplomatiques ne soient du plus haut intérêt. Au temps d'Assur-bani-pal, elles faisaient partie de l'histoire contemporaine ; mais les archives renfermaient des documents non moins précieux sur les règnes antérieurs. On peut suivre sur certaines tablettes l'histoire synchronique des événements qui se sont accomplis en Chaldée et en Assyrie dès la plus haute antiquité.

Parmi les découvertes historiques dues à la lecture des tablettes de Koyoundjik, nous devons mentionner une de celles qui ont le plus d'importance au point de vue de la chronologie générale. Ce sont des tablettes qui renferment une liste de fonctionnaires désignés sous le nom de *Limmu* dont le rôle, analogue à celui des Archontes éponymes de la Grèce, était de donner leur nom à l'année. Ces tablettes, divisées en colonnes, présentaient une suite de noms propres séparés par des traits parallèles qui en

interrompaient la suite à des intervalles iné-
gaux. Ces listes ne disaient pas grand'chose
par elles-mêmes, mais en rapprochant ces noms
de quelques indications contenues dans l'énumération des campagnes, on s'aperçut bientôt
que chaque nom correspondait à une année
et le nombre des noms compris dans chaque
intervalle aux années de règne du souverain.
Des exemples réitérés confirmèrent ce fait et
ne laissèrent aucun doute sur la signification de
ces listes qui donnaient à la chronologie un
point d'appui aussi précieux.

Le professeur Hincks a, le premier, signalé
ces textes et en a compris l'importance. Puis
Sir H. Rawlinson les a publiés dans le recueil
des inscriptions que le Musée Britannique
publie sous sa direction. La première liste
commence sous le règne d'un prince que
nous nommons Bin-nirari, le deuxième du
nom, qui régnait en Assyrie vers l'an 911
avant J.-C., et se prolonge jusqu'à l'année
650, sous le règne d'Assur-bani-pal.

En réunissant les différents fragments de ces
listes, on a reconstitué quatre exemplaires qui

se contrôlent et qui assurent une suite d'indications non interrompues comprenant 228 années consécutives. Cette longue période embrasse précisément l'époque où les Assyriens se sont trouvés en lutte avec les Hébreux et, dès lors, chaque date a une importance facile à comprendre.

Nous devons mentionner parmi ces listes une de celles qui nous paraît devoir jouer le rôle le plus important dans les appréciations chronologiques qu'on peut en tirer. Elle comprend, en effet, non-seulement la liste des noms des *Limmu*, mais encore l'indication des événements les plus remarquables qui se sont passés pendant l'année à laquelle ils ont donné leur nom. Cette liste s'étend depuis l'an 816 jusqu'à l'an 704 avant J.-C.; nous devons noter ici qu'elle ne présente aucune interruption.

Nous pouvons suivre dès lors avec ces textes les événements qui se sont accomplis en Assyrie et en Palestine, et mettre en présence deux sources de documents dont on peut apprécier les données ; la concordance, si difficile à obtenir dans la chronologie des rois de Juda et d'Israël, sera-t-elle réalisée par ces documents nouveaux ? Il faut l'espérer ; déjà de nombreux efforts ont été tentés pour obtenir ce résultat, et la grandeur de l'effort prouve assez que le problème est encore difficile à résoudre. Il n'est pas surprenant de rencontrer dans les textes assyriens des rois dont le nom ne se trouve pas dans la Bible ; mais que dire d'un roi chaldéen, Phul, dont les inscriptions ne nous font pas connaître l'existence ? Je me contente de signaler ce fait, dont l'explication n'a pas encore été fournie.

Pour rattacher la liste des Limmu à l'histoire générale, les synchronismes n'ont pas manqué. Il suffisait du reste d'un point bien établi pour assurer la régularité de toute la série. Les récits bibliques et le canon de Ptolémée sont les deux autorités sur lesquelles on s'est appuyé pour arriver à ce résultat. L'époque de la prise de Samarie se trouve fixée par toutes les données de l'histoire d'une manière précise ; d'après les textes bibliques, la chute du royaume d'Israël eut lieu la 6e année du règne d'Ezéchias, la 9e d'Osée. On s'accorde à fixer cet événement, suivant les historiens, l'an 721 avant J.-C., correspondant à l'an 720 des astronomes. D'un autre côté, la prise de Samarie est relatée dans les textes assyriens ; elle eut lieu la première année du règne du souverain qui a construit le palais de Khorsabad. La prise de Samarie peut donc servir de point de départ pour fixer les autres dates qui en sont la conséquence ; les concordances à l'appui ont permis de remonter ainsi le cours des événements avec une précision que l'histoire des autres peuples ne saurait fournir.

N'oublions pas toutefois que l'indication du roi Phul dans les textes bibliques crée une difficulté sérieuse pour l'historien de cette époque. L'influence de ce prince a été trop importante pour en faire abstraction ; aussi les opinions se divisent : d'une part, nous voyons des assyriologues fidèles aux textes nouveaux suivre scrupuleusement sur quatre exemplaires qui concordent la suite des *Limmu* et rejeter les questions que soulève la présence du roi Phul à une époque où un texte assyrien viendra éclairer la question. D'autre part, nous voyons

des assyriologues plus scrupuleusement atta-
chés au texte biblique ouvrir dans la série des
Limmu une large brèche pour y loger tous
les événements qui peuvent se rapporter au
règne du roi chaldéen mentionné dans la Bible.
Il y a là des difficultés sérieuses que nous
devons nous contenter d'indiquer ici.

V

DOCUMENTS JURIDIQUES

~~~~~~~~

ASSUR-BANI-PAL n'avait pas seulement ouvert sa Bibliothèque aux documents émanés des rois. C'était encore un dépôt où l'on trouvait des recueils de lois, des décisions judiciaires et des contrats passés entre les particuliers.

La législation assyro-chaldéenne reposait sur des lois, sur des coutumes qui étaient déjà en vigueur sous la civilisation sumérienne. Un certain nombre de tablettes écrites dans les deux langues nous donnent le texte primitif de la loi et la traduction assyrienne correspondante. D'autres, écrites en assyrien, sont semées de citations empruntées aux textes sumériens. On dirait, pour suivre une comparaison que nous avons déjà faite, des lambeaux de droit romain épars dans nos lois et dans nos recueils de jurisprudence, soit qu'ils aient continué d'être en vigueur, soit qu'on les invoque à l'appui des textes récents dont on poursuit l'application.

Nous pouvons citer d'abord un long fragment des lois de famille écrites en assyrien et en sumérien. Nous en avons donné, avec M. Oppert, dans nos *Documents juridiques*, une traduction que nous reproduisons ici avec quelques changements qu'un examen postérieur a pu suggérer [1].

« Il a été ainsi décidé par la sentence du juge :

« Si un fils (est autorisé) à dire à son père : tu n'es pas mon père ; il (le fils) pourra le vendre, le traiter comme un gage et le donner en paiement comme de l'argent.

---

[1] Conf. : Textes : W. A. I., II, pl. 10. — LENORMANT, *Choix de textes*, p. 35. — Trad. : OPPERT et MENANT, *Documents juridiques*, p. 57 et 61. — OPPERT, *Göttingische gelehrte Anzeigen*, décembre 1879, p. 1610. — LENORMANT, *Études accad.*, t. III, p. 21.

« Si un fils (est autorisé à) dire à sa mère : tu n'es pas ma mère; il lui coupera les cheveux, il assemblera le peuple et la fera sortir de la maison.

« Si un père (est autorisé à) dire à son fils : tu n'es pas mon fils, il (le père) pourra l'enfermer dans sa demeure et dans les soubassements.

« Si une mère (est autorisée à) dire à son fils : tu n'es pas mon fils; elle pourra l'enfermer dans sa demeure et dans les chambres supérieures.

« Si une femme (est autorisée à) répudier son mari et à lui dire : tu n'es pas mon mari ; elle pourra le faire jeter dans le fleuve.

» Si un homme (est autorisé à) dire à sa femme : tu n'es pas ma femme ; il se fera payer une demi-mine d'argent.

« Si l'intendant laisse fuir un esclave, s'il meurt (l'esclave), s'il devient infirme, si par suite de mauvais traitements, il devient malade, il (l'intendant) paiera un demi-bin de blé par jour (au maître de l'esclave). »

Nous trouvons également dans ces vieilles coutumes des lois qui régissent les biens; une tablette semble avoir en vue les observations qu'un agriculteur sumérien avait faites et qu'on propose aux agriculteurs assyriens du VIIᵉ siècle avant notre ère. On indique d'abord les meilleures conditions de culture, le temps des semailles, le calcul du revenu, le labourage, l'aménagement des eaux, les animaux malfaisants qu'il faut détruire. Malgré le mauvais état de la tablette, voici quelques dispositions de ces antiques coutumes que nous pouvons citer ici [1] :

« On met la charrue sur la terre.

« Pendant six mois la terre reste en jachères ;

« Puis on fait le compte du rendement.

« Selon le compte du rendement on évalue le bénéfice.

« Le bénéfice s'accumule ;

« On l'ajoute au prix.

« On détruit le cerf.

« On détruit les corbeaux ;

« On les prend dans des engins ;

« On les apprivoise.

« Au moment du travail on divise son champ ;

« On le partage ; — on en fait trois parties.

« Pour vingt *gur* de froment voici quel est l'évaluation du rendement.

« On compte les sillons ;

« On vend la moisson.

---

[1] Conf. : Textes : W. A. I., II, pl. 14. — LENORMANT, *Choix de textes*, p. 14 et 15. — Trad. : OPPERT et MENANT, *Documents juridiques*, p. 24. — LENORMANT, *Études accadiennes*, t. III, p. 16.

« Le champ rapporte le double ;

« Le champ rapporte . . .

« Le rendement a rendu pour la semence (?)

« Le champ. . . .

« La semence a été. . . .

« Les oiseaux ont été détruits ;

« Les taupes ont été tuées ;

« Le champ a été arrosé ;

« La semence a prospéré.

« Au moment de la récolte on divise le champ ;

« On a fait les parts

« Et, d'après les conventions, le partage a eu lieu avec le maître du champ.

« On lui a payé ce qui lui revenait.

« Le champ a été improductif ;

« . . . . .

« . . . . .

« . . . . .

« On a labouré le champ ; on a inscrit le travail sur des tablettes.

« On a mesuré le champ ; on en fixe la mesure sur les tablettes.

« On l'a arrosé deux fois, trois fois ;

« L'irrigation a été bien dirigée, elle a fructifié un sol aride.

« Au moment de la récolte, il a rapporté le quintuple.

« On l'a évaluée (la récolte) et le métayer l'a vendue :

« Du double au double ; il l'a acquise pour le double.

« Du triple au triple ; il l'a acquise pour le triple.

« Du quadruple au quadruple ; il l'a acquise pour le quadruple.

« Du quintuple au quintuple ; il l'a acquise. . . . .

. . . . .

« Du décuple au décuple ;

. . . .

« Du quindécuple. . . . .

La fin manque.

Les redevances étaient fixées suivant certaines règles dont nous reproduisons également les principales dispositions [1] :

« (On perçoit) la redevance telle qu'elle est (établie).

« On perçoit la redevance en grains.

« La redevance est conforme au produit courant.

« La redevance est conforme au produit fixé.

[1] Conf. : Textes : W. A. I., II, pl. 12. — Trad. : OPPERT et MENANT, *Documents juridiques*, p. 19.

« Il prend pour redevance
« La redevance telle qu'elle rend.
« Il a fraudé la redevance.

L'intérêt de l'argent était fixé à défaut de conventions spéciales par des lois dont nous trouvons ainsi l'énoncé [1] :

« L'intérêt (peut être) calculé à l'année,
« L'intérêt peut être calculé au mois.

« La redevance de la ville est d'un *artaba* de grain ;
« La redevance de la ville est d'un *as* de grain ;

« L'intérêt de l'argent (est ainsi fixé) :
« L'intérêt d'une drachme est un sextuple
« L'intérêt de dix drachmes est de deux drachmes
« L'intérêt d'une mine est douze drachmes.

Il est évident que, malgré la différence des biens, l'intérêt est toujours le même ; le calcul des différentes mesures indiquées dans des

---

[1] Conf. Textes : W. A. I., II, pl. 12. — Trad. : OPPERT et MENANT, *Documents juridiques*, p. 19 et 23.

contrats a démontré que les chiffres sont dans un rapport constant.

Le prêt pouvait avoir lieu avec ou sans intérêt ; il pouvait être fait avec ou sans garantie, et ces garanties étaient de différente nature [1] :

> « Pour l'intérêt de son argent
> « Il lui a donné en gage
> « Une maison, un champ, un verger, une esclave
> « femelle, un esclave mâle. »

Les échanges étaient fréquents et on voit, d'après les indications des tablettes, les principales choses qui étaient échangées [2] :

> « Ils ont échangé une maison contre de l'argent ;
> « Ils ont échangé un champ contre de l'argent ;

[1] Conf. : Textes : W. A. I., II, pl. 13. — Trad. : Oppert et Menant, *Documents juridiques*, p. 12 et suiv.
[2] Conf. : Textes : *ID., Ibid.* — Trad. : *ID., Ibid.*

« Ils ont échangé un verger contre de l'argent ;

« Ils ont échangé une esclave femelle contre de l'argent ;

« Ils ont échangé un esclave mâle contre de l'argent. »

Les procès sont inhérents à la nature humaine et de toutes les époques. On plaidait à Ninive, en Assyrie et en Chaldée. Nous citerons à ce sujet un axiome à l'usage des juges et des plaideurs et qui est d'une application toute moderne [1] :

« Celui qui n'écoute pas sa conscience, le juge n'écoutera pas son droit. »

Il devait y avoir un code de procédure assez compliqué, car on trouve la trace d'une juridiction à plusieurs degrés dont le souverain était le juge en dernier ressort. Nous lisons, en effet, dans les tablettes, le passage suivant [2] :

[1] Conf. : Textes : LENORMANT, *Choix de textes*, p. 32. — Trad. : OPPERT et MENANT, *Documents juridiques*, p. 50 à 53.
[2] Conf. : Textes : *ID., Ibid.* — Trad. : *ID., Ibid.*

« Il en a appelé devant le Roi ;

« Il l'a appelé devant le Roi et le Roi a écouté sa plainte ;

« Il avait demandé les cinq sixièmes et il a obtenu gain de cause.

« On lui a restitué son gage au prix.   .   .   .

« Il a évité la peine de sa provocation.

Les lois sumériennes fixaient également la forme des conventions particulières. La signature, *Qatatu*, était de l'essence de la convention. Le passage suivant nous montre que le mot *Qatatu* désigne bien " la signature, " et non pas seulement " la main ; " nous lisons en effet [1] :

« Signature.

« Il a donné sa signature.

« Il a renouvelé sa signature.

« Il a mis sa signature en circulation.

« Ils ont mis sa signature en circulation.

« Leur signature.

« Ils ont apposé leur signature.

« Ils ont annulé leur signature.

« Leur signature a été annulée.

---

[1] Conf. : Textes : W. A. I., II, pl. 8, l. 40. — Trad. : OPPERT et MENANT, *Documents juridiques*, p. 38. — LENORMANT, *Études accadiennes*, t. III, p. 229.

« Leur signature,

« Leur signature a été renouvelée

La signature avait lieu par l'apposition du cachet. Un fragment des tablettes a trait à cet usage qui s'est perpétué en Orient depuis les temps les plus reculés jusqu'à nos jours. Hérodote avait déjà signalé l'existence des cachets comme une particularité des habitants de la Babylonie : chaque Babylonien, dit-il, avait son cachet pour son usage personnel. L'expression assyrienne *Kunuk* répond comme notre mot *Cachet* à la fois à l'instrument et à l'empreinte qu'il laissait sur la terre plastique. Cette différence paraît clairement indiquée dans un passage d'une tablette que nous avons citée dans nos documents et qui n'a pas besoin de commentaire.

On a trouvé un grand nombre de contrats d'intérêt privé comprenant toutes les transactions ordinaires de la vie, et passés entre de simples particuliers sur lesquels figure l'empreinte de ce cachet; contrats de vente ou d'échange, contrats de prêt ou de louage, reconnaissances de créances emportant la garantie d'une hypothèque ou d'un gage mobilier. On dirait une étude de notaire dont nous allons compulser les minutes.

Ces contrats, comme tous les documents de ce dépôt, sont écrits sur la brique traditionnelle. Ils se distinguent facilement des autres documents par leur aspect extérieur. En effet, après quelques lignes consacrées à la mention du nom des parties contractantes, nous voyons figurer l'empreinte de leur cachet, quelquefois l'empreinte de trois coups d'ongle pour en tenir lieu.

L'ensemble des stipulations est assez facile à comprendre; il est renfermé dans une formule qui découle de la nature même des rapports qui s'établissent entre les parties contractantes suivant l'objet de leurs conventions. Ces contrats sont, en général, d'une grande simplicité de rédaction. On commence par énoncer les noms et qualités des parties qui vont stipuler avec l'indication de leur cachet ou du coup d'ongle qui en tient lieu. Toutes les parties, du reste, ne sont pas appelées à remplir cette formalité ; ce sont seulement celles qui ont la qualité de *dominus negotii :* le vendeur, le bailleur, le prêteur, ceux *qui tiennent la plume,* comme nous disons dans notre style moderne.

Une place réservée dans le texte recevait l'apposition du cachet et l'empreinte nous révèle qu'il y en avait de différentes formes. Comme ces bijoux sont parvenus jusqu'à nous et qu'il en existe un grand nombre dans nos collections publiques ou privées, il n'est pas sans intérêt de faire connaître quels étaient ces cachets. Ce sont, en général, des pierres dures taillées et polies de différentes manières. Quelques-unes ont la forme d'un cône ou d'une pyramide tronquée qui porte sur la base un sujet gravé en creux ; quelquefois le cachet à la forme d'un sphéroïde ou d'un ellipsoïde. Enfin, on en trouve beaucoup qui sont cylindriques ; le sujet est gravé sur la surface du cylindre et on en obtient une empreinte en le roulant sur la terre plastique. Toutes les pierres précieuses ont été taillées pour cet usage ; aussi l'étude de ces bijoux offre le plus grand intérêt au point de vue de l'art et au point de vue des sujets qu'ils permettent d'étudier.

Après l'apposition des cachets, vient l'objet du contrat; puis la nature de la chose et l'indication du prix qui est parfois payé comptant, quelquefois à terme; dans certains cas, un dédit est stipulé.

Quant aux prêts d'argent, l'intérêt est en général fixé par les parties; dans le silence du contrat, on paraît se référer à une loi générale, probablement à celle que nous avons citée plus haut.

Les mesures, les contenances, les évaluations, les prix sont exprimés avec une grande précision et permettent ainsi de déterminer l'importance de la chose qui fait l'objet du contrat.

La tournure de la rédaction indique que la convention était passée devant un magistrat qui donnait, si je puis m'exprimer ainsi, *l'authenticité* aux stipulations arrêtées entre les parties et dont elles ne pouvaient se délier sous peine d'amende ou de dommages-intérêts. Généralement l'amende devait être versée au trésor d'Istar, soit à Arbèles, soit à Ninive ; puis le juge ordonnait la restitution du prix au propriétaire, avec une certaine part de dommages-intérêts. Souvent le contrat renferme une formule de prière, plus ou moins étendue, pour placer l'exécution des conventions arrêtées entre les parties sous la protection des Dieux ; enfin, il se termine par les noms des témoins avec leur qualité ; il est daté du jour, du mois et de l'année de sa rédaction. — Le contrat ainsi parfait était remis à la garde d'un fonctionnaire spécial qui l'enregistrait dans le dépôt public dont la surveillance lui était confiée.

Voici quelques contrats qui pourront, du reste, nous faire comprendre l'économie de la rédaction et nous renseigner sur la nature des transactions les plus fréquentes à cette époque. Nous donnons d'abord un contrat relatif à une vente d'esclave ; il est ainsi conçu [1] :

---

[1] Texte : W. A. I., III, pl. 49, n° 31. — Trad. : OPPERT et MENANT, *Documents juridiques*, p. 220.

VENTE D'ESCLAVE.

« Cachet de Nabu-rihtav-usur, fils de Ahardise,
« homme de Hasaï, ouvrier de Zikar-Istar, de la ville
« de. . . . . . . ;

« Cachet de Tébétaï, son fils ; — cachet de Silim-Bin,
« son fils, propriétaires de l'esclave vendue :

« La fille Tavat-hasina, esclave de Nabu-rihtav-usur...

« Et Nitocris l'a acquise au prix de 16 drachmes d'argent. . . . . pour Tachos, son fils, à cause de son
mariage. Elle sera l'esclave de Tachos.

« Le prix a été définitivement fixé.

« Qui que ce soit, qui dans la suite des jours, et à
quelque époque que ce soit, contestera devant moi, soit
Nabu-rihtav-usur, soit ses fils, les fils de ses fils, soit
son frère, les fils de son frère, soit tout autre, soit son
ayant-droit, et qui voudra faire annuler le marché contre
Nitocris, ses fils, ou les fils de ses fils, paiera dix mines
d'argent pour la révocation de son contrat ; il n'aura pas
vendu.

« Saphimayu, pasteur de troupeaux, Bel-sum-usur, fils
de Yudanani, Rim-bel, fils de Atie. . . . sont les trois
hommes héritiers de la femme, à cause du liement des
mains (son premier mariage) et des intérêts du gage de
Karméon qui devait hériter (si il vivait).

« Témoins : Ahardise ;

— Zikar-nipika. . . . . ;

— Mutumhise ;

— Hasba. . . . .

« Au mois d'Elul (août) le 1er jour, pendant l'année de Assur-sadu-sakil.

« Par devant : Yum-samas, — Putuanpaïte, — Ate, — Nabu-idin-ahi, président.

Ce document est un des plus curieux. Il contient d'abord le nom d'une Egyptienne, Nitocris *(Neith-eqar)*; puis celui de Tachos, son fils, qui porte également un nom égyptien. Le vendeur est la fille de Nabu-rihtav-usur; ses fils interviennent en leur qualité d'agnats pour la vente de leur esclave, c'est-à-dire la servante de leur maison. L'argent ne sera pas payé à Nitocris ou à sa descendance directe, mais à des tiers qui sont nommément désignés; ce sont les trois héritiers d'un nommé Karméon qui serait héritier s'il vivait.

Voici un autre contrat du même genre [1] :

---

[1] Conf. : Textes : W. A. I., III, pl. 49, n° 5. — Trad. : OPPERT et MENANT, *Documents juridiques*, p. 153.

VENTE D'ESCLAVE

« Cachet de Hataï, propriétaire de l'esclave.

« Lu-ahi est l'esclave livré.

« Et Dannaï l'a acquis de Hataï pour le prix de vingt
« drachmes d'argent.

« Le prix a été définitivement fixé, l'esclave a été payé
« et livré; la rescision du marché ne peut plus avoir
« lieu.

« Quiconque dans l'avenir réclamera devant moi (la
« nullité de la convention, paiera l'amende).

Témoins : Samas, — Himarie, — Zabda, — Haraman, —
Mannuahi, — Zikar-Samas.

« Au mois Elul (août) le 5ᵉ jour pendant l'année de
Nabu-bel-idin. »

« En présence de Zikar-Samas le préposé. »

Les contrats de cette nature sont nombreux ;
ils soulèvent une question sur un point de
l'histoire de l'esclavage antique qu'il serait intéressant d'éclaircir. Quelle était, en effet, l'origine de ces esclaves dont on trafiquait alors et
qui ne paraissent pas avoir subir la loi des vaincus
qu'on transportait avec une si grande facilité
après la prise d'une cité ? Nous n'avons aucun
renseignement à ce sujet et nous devons nous

borner à enregistrer ce qui ressort des textes que nous venons de citer. Le propriétaire de l'esclave Hataï est un Syrien, tandis que l'esclave Lu-ahi est un Assyrien, vendu à un autre Assyrien, Dannaï, moyennant une somme d'argent qui équivaut à 75 fr. environ de notre monnaie.

Quelquefois le contrat n'est pas aussi simple. Il peut exister des complications dans l'origine de la propriété ou dans son mode de transmission. Il est aussi intéressant d'étudier les qualités des parties contractantes. Il en ressort un fait qu'on peut regarder comme constant, c'est que l'étranger, phénicien, juif, égyptien, avait pour contracter, vendre ou acheter, les mêmes droits civils que les sujets assyriens.

Voici un contrat d'une autre espèce. Il s'agit de la vente d'une maison. Au lieu de leur cachet, les parties y ont apposé une marque en enfonçant l'ongle du pouce dans l'argile [1].

---

[1] Conf. : Textes : W. A. I., III, pl. 48, n° 3. — Trad. : Oppert et Menant, *Documents juridiques*, p. 175.

VENTE D'UNE MAISON

« Ongle de Sarludari, — ongle d'Ahassuru, — ongle
« de la femme Amat-Sula, épouse de Bel-duru, chef de
« trois Légions, propriétaires de la maison aliénée.

« Une maison en construction, avec ses poutres, ses
« colonnes, ses matériaux, située dans la ville de
« Ninive, bornée par la maison de Mannuki-ahe, bornée
« par la maison de Ankia, bornée par (la place) des
« marchés.

« Et Sil-assur, le préposé égyptien, l'a acquise
« moyennant une mine d'argent du Roi, de Sarladuri,
« de Ahassuru et de la femme Amat-Sula, l'épouse de
« son mari.

« Le prix a été définitivement fixé, la maison a été
« payée et achetée, la rescision du contrat n'est plus
« admise.

« Qui que ce soit qui dans la suite des jours, à
« quelque époque que ce soit, soit parmi ces hommes,
« contestera le droit et le contrat de Sil-Assur paiera
« dix mines d'argent.

« — Témoins : Susanku, officier du Roi ;

« — Harmaza, Chef de trois légions ;

« — Razu, Capitaine de navire ;

« — Nabudur, Préposé ;

« — Harmaza, Capitaine de navire ;

« — Sin-sar-usur ;

« — Zidka.

« Le 16ᵉ jour du mois Sivan (mai) de l'année de Zaza,
« préfet de la ville d'Arpad (692 av. J.-C.).

« Par devant Samas-yukin-ahi ; — Litturu ; — Nabu-
« sum-idin. »

Cet acte est surtout remarquable par les
noms des parties contractantes, dans lesquels
nous pouvons encore reconnaître des étrangers
de nationalité différente admis à contracter à
Ninive au même titre que les sujets assyriens. En effet, les noms des témoins Susanku et Harmaza sont égyptiens et leur forme
originelle pourrait être facilement restituée.
Le nom de la femme Amat-Sula est phénicien
et révèle le nom d'une divinité inconnue
jusqu'alors; il signifie littéralement « Servante
de Sula. »

Voici maintenant un contrat de prêt. Il est
ainsi conçu [1] :

[1] Conf. : Textes : W. A. I., III, pl. 47, nº 7. — Trad. :
Oppert et Ménant, *Documents juridiques*, p. 181.

« Six mines d'argent sont le montant de la somme
« due par Summu-ilani à Bel-ristan.

« L'argent portera intérêt jusqu'au quadruple. Témoins:
« Sin-zir-bani, chef des légions, — Nabu-ahi-usur, chef
« des cornes, — Meisu, docteur, — Milkaï, — Nabu-
« ilmad-ani, chef des légions.

« Le 10ᵉ jour du mois de Nizan de l'année de Man-
« zarnié (mars 689 av. J.-C.). »

En voici un autre assez curieux [1] :

« 4 mines d'argent au titre de Carchemis, créance de
« Nirgal-sar-usur, au profit de Nabu-sum-idin, fils de
« Nabu-madid-napsat, préposé du préfet de la ville de
« Dur-Sarkin.

« Elle produira 5 drachmes d'argent par mois.

« Témoins : Nabu-habal-idin, Nabu

« — Sezib, chef de deux *pa-* ;

« — Airamu ;

« — Assur-danin-sar ;

« — Disi, chef ;

« — Samas-naid, *gur-zak-* ;

« — Sin-mab-pus ;

« — Marduk-zir-idin, chef.

« Le 26ᵉ jour du mois Aïru de l'année de Gabbaru. »

---

[1] Conf. : Textes : W. A. I., III, pl. 47, n° 9. — Trad. :
Oppert et Menant, *Documents juridiques*, p. 193.

Ce contrat est daté du mois d'avril de l'an 667 avant J.-C.; il constate un intérêt énorme dont on peut se rendre compte. En effet, la somme principale est de 4 mines d'argent, soit 900 fr. de notre monnaie ; elle doit produire 5 drachmes d'argent d'intérêt par mois, soit 10 fr. C'est donc un intérêt de 25 p. %.

Ces quelques citations suffisent pour donner une idée de la forme de ces contrats et des renseignements qu'ils peuvent fournir sur l'histoire privée de l'Assyrie.

Il y a là un fait sur lequel désormais l'attention des historiens est éveillée et auquel les philologues doivent apporter leur concours. L'étude comparée du Droit ne saurait se borner à suivre le développement d'un principe dans ses applications juridiques au milieu d'un même groupe de civilisation. Notre Droit français, par exemple, procède du développement des principes posés dans le Droit romain et dans les Coutumes. Je n'ai pas besoin de dire que l'histoire du Droit ne peut être restreinte aujourd'hui à l'étude de ces deux législations. Il y a dans les rapports des hommes entre eux des faits qui découlent de principes généraux dont on rencontre l'application dans les sociétés les plus diverses et à toutes les époques. C'est par l'étude des différentes législations, en fouillant les lois de ces civilisations oubliées, qu'on trouvera les caractères des vrais principes sur lesquels repose le *droit naturel* qui n'est, en définitive, que l'écho de la conscience humaine.

VI

LES SCIENCES

~~~~

Nous abordons maintenant un autre ordre
d'idées. Les sciences exactes étaient
cultivées en Assyrie depuis une haute antiquité ; les sciences naturelles n'avaient pas été
négligées non plus : ainsi la zoologie, la bota-
nique, la minéralogie sont largement représen-
tées dans la Bibliothèque de Ninive et comme
toutes ces tablettes offrent un texte sumérien
en regard du texte assyrien, nous sommes en
droit de croire que les Ninivites suivaient
encore sous ce point de vue les traditions de
leurs prédécesseurs.

Nous trouvons des listes d'animaux rangées
dans un certain ordre qui pourrait faire croire

à une intention de classification ; ainsi le chien, le lion, le loup sont dans la même catégorie, tandis que le bœuf, le mouton, la chèvre en forment une autre.

Dans l'énumération de ces différents animaux, il y a un dessein bien évident d'établir des genres, des familles et de distinguer les espèces. Nous avons, en effet, une famille qui comprend les grands carnassiers : le chien, le lion, le loup ; puis, nous avons dans la famille du chien différentes espèces, telles que le chien proprement dit, le chien domestique, le chien courant, le chien petit, le chien d'Elam. Le côté scientifique de cette classification se révèle par une circonstance facile à reconnaître : on lit, en effet, auprès du nom vulgaire, une appellation spéciale qui se rattache précisément à une division scientifique que les Assyriens paraissent avoir eu en vue.

Parmi les oiseaux, on remarque également les mêmes essais de classification ; on distingue les oiseaux au vol rapide des oiseaux de mer ou de marais.

Les insectes forment une classe très-nombreuse; nous voyons toute une famille dont on établit les espéces suivant qu'elles attaquent les plantes, les animaux, les vêtements ou le bois.

Les végétaux semblent avoir une classification basée sur leur utilité ou sur les services que l'industrie pouvait en retirer. Une tablette énumére les usages auxquels on peut employer les bois selon leur essence pour la charpente des palais, dans la construction des navires, dans la fabrication des chars, des ustensiles aratoires ou même dans l'ameublement.

Les minéraux occupent une longue série dans ces tablettes. Ils sont classés suivant leurs qualités; l'or et l'argent forment une division à part; les pierres précieuses en forment une autre, mais rien n'indique sur quelles bases on pourrait en établir la classification.

Si nous passons des sciences naturelles aux connaissances géographiques, nous voyons qu'elles nous arrivent dans un état synthétique assez confus; cependant quelques listes nous présentent une série de noms de villes, de fleuves, de montagnes rangés suivant leur disposition géographique que nous pouvons facilement contrôler. Quelquefois ces indications prennent un caractère pratique en faisant suivre ces appellations de la nomenclature des produits naturels ou industriels du sol, du revenu des impôts ou des tributs.

Mais la science par excellence, celle qui était surtout cultivée en Assyrie et que les savants d'Assur-bani-pal rattachaient avec le plus de soin aux antiques traditions chaldéennes, c'est l'astronomie.

Cette science n'est pas née, en effet, à Ninive; les Grecs nous apprennent que les observations astronomiques avaient pris naissance dans la Basse-Chaldée 1903 ans avant Alexandre, et par conséquent 2226 ans avant J.-C. Quelle que soit la valeur de cette date, la tradition de ces origines se trouve dans les travaux mêmes des savants assyriens qui se reportent sans cesse aux observations de leurs prédécesseurs. Assur-bani-pal avait envoyé ces savants dans les vieilles écoles de la Mésopotamie, à Ur, à Sippar, à Agadé, à Babylone, pour y recueillir les éléments de la science qui faisait la gloire de l'empire du Sud. Au VIIᵉ siècle avant notre ère, à Ninive, les observations continuaient.

A cette date, on distinguait depuis longtemps les étoiles fixes des planètes; on avait calculé les révolutions sidérales, les divisions de l'année, la marche du soleil dans les différentes constellations du zodiaque, le retour périodique des éclipses et même la précession des équinoxes.

Ces résultats supposent une longue suite d'observations consciencieuses, une intelligence spéciale pour les entreprendre et des moyens faciles d'y appliquer un calcul rigoureux.

Nous ignorons à l'aide de quels instruments les Assyro-Chaldéens pouvaient observer les astres. Les chances d'erreurs dans des observations à la vue simple sont évidemment nombreuses et ne peuvent être rectifiées que par des opérations multipliées et par les calculs les plus minutieux.

On sait que la détermination de la périodicité des éclipses de lune repose sur la connaissance d'un cycle de 223 lunaisons [1], qui ramène les mêmes éclipses périodiquement. Il est certain que les Assyro-Chaldéens devaient connaître également un autre cycle de 22,325 lunaisons équivalant à 1,805 années tropiques plus 8 jours, ou à 1,805 années juliennes de 365 jours 1/4; après quoi les éclipses reviennent plus exactement encore dans le même ordre. Combien a-t-il fallu de temps pour que l'esprit humain ait pu embrasser un nombre de lunaisons suffisantes pour les combiner et en déduire la loi que Méton a formulée et à laquelle il a attaché son nom? Si nous considérons les éclipses de soleil, le cycle étant beaucoup plus considérable, l'origine des observations sur lesquelles le calcul de leur périodicité repose nous rejette à une antiquité qui sort déjà des limites des supputations ordinaires de l'histoire. Diogène Laërce l'évalue à 48,863 ans; pendant ce temps-là on avait observé 373 éclipses de lune et 832 éclipses de soleil.

---

[1] 6,585 jours 1/4 ou 18 ans et 11 jours.

Pour se livrer aux calculs résultant de ces observations, les Assyro-Chaldéens étaient merveilleusement servis par leur système de notation. C'est un des points les plus nouveaux peut-être que l'étude des documents assyriens pourra révéler et que je me propose de mettre un jour en lumière en démontrant avec quelle facilité leur système de numération se prêtait aux calculs les plus compliqués. Il nous suffit ici d'en constater les résultats.

Ainsi que nous le disions, il y a un moment, sous Assur-bani-pal les observations continuaient ; le roi envoyait des astronomes sur différents points pour étudier les phénomènes célestes et lui adresser le résultat de leurs travaux. Voici en quels termes ces rapports étaient conçus [1] :

« Au Roi, mon Seigneur, son humble serviteur Istaridin-habal, le chef des astronomes de la ville d'Arbèles écrit ceci :

« Paix et bonheur au Roi mon maître et qu'il puisse prospérer longtemps.

[1] Conf. : Textes : W. A. I., III, pl. 51, n° 6. — Trad. : LENORMANT, Essai de comment. de Bérose, p. 209. — Trad. : SAYCE, Records of the Past, t. VI, p. 154, n° 6.

« Dans le 29ᵉ jour, j'ai observé le nœud de la lune ; les nuages ont obscurci le champ de l'observation et nous n'avons pu voir la lune.

« Au mois Sebat (janvier), le 1ᵉʳ jour pendant l'année de Bel-haran-saduya (648 av. J.-C.). »

Le résultat de la mission n'avait pas été heureux. L'éclipse était prévue ; l'état de l'atmosphère n'avait pas permis de l'observer, mais la constatation de cet insuccès prouve le soin qu'on apportait à noter toutes les circonstances qui pouvaient servir à expliquer le phénomène. Voici une observation qui a pleinement réussi [1].

« Au directeur des observations, mon Seigneur, son humble serviteur Nabu-sum-idin, grand astronome de Ninive, écrit ceci : que Nabu et Marduk soient propices au directeur des observations, mon Seigneur.

« Le 15ᵉ jour nous avons observé le nœud de la lune et la lune a été éclipsée. »

Voici une observation plus compliquée [2] :

[1] Conf. : Textes : W. A. I., III, pl. 51, n° 7. — Trad. : Oppert, Gram. ass., 2ᵉ édit., p. 109. — Lenormant, Essai de commentaire de Bérose, p. 201.

[2] Conf. : Textes : W. A. I., III, pl. 51, n° 9. — Trad. :

« Au Roi mon Seigneur, que les dieux Nabu et
« Marduk soient propices; que les Grands Dieux accordent
« au Roi mon maître des jours longs, le bien de la chair
« et la satisfaction du cœur.

« Le 27ᵉ jour la lune a disparu; le 28ᵉ jour, le 29ᵉ et
« le 30ᵉ nous avons observé continuellement le nœud
« de l'obscurcissement du soleil. L'éclipse n'a pas eu lieu.
« Le 1ᵉʳ jour (du mois suivant) nous avons vu la lune
« pendant le premier jour du mois Duzu (juin) courant
« au-dessus de l'étoile de Mercure dont j'ai antérieure-
« ment envoyé l'observation au Roi mon maître. Dans
« sa marche pendant le jour d'Anu, autour de l'étoile
« du Berger, elle a été vue déclinant; à cause de la pluie,
« les cornes n'étaient pas visibles très-clairement et
« ainsi de suite pendant sa route. Le jour d'Anu, j'ai
« envoyé au Roi mon maître l'observation de sa conjonc-
« tion.

« Elle s'étendit et fut visible au-dessus de l'étoile du
« Char dans sa marche pendant le jour de Bel, elle a dis-
« paru vers l'étoile du char. . . .

« Au Roi mon Seigneur, paix et bonheur. »

On attribue généralement à Hipparque la
découverte de la précession des équinoxes.

Oppert, *Journ. asiat.*, t. X, p. 71. — F. Talbot, *Trans. of B. S.*,
p. 15. — Sayce, *Records of the Past*, t. X, p. 155, n° 7.

C'est lui qui, en effet, a appris le premier ce phénomène aux Grecs ; il l'avait évaluée pour chaque année entre 36 ou 39 secondes. Il est certain qu'il avait eu connaissance de ce fait en Chaldée et qu'il avait puisé les éléments de son calcul dans les observations des astronomes du cours inférieur de l'Euphrate. Toutes les connaissances astronomiques des savants ninivites ont le même point de départ.

Deux mille ans avant notre ère, dès le temps d'un roi d'Agadé nommé Sar-yukin et qu'on a pris l'habitude de désigner sous le nom de Sargon l'Ancien, la précession des équinoxes était déjà un fait observé et calculé parce qu'elle avait amené une perturbation suffisante dans le calendrier pour qu'on fût obligé d'y introduire alors une réforme pratique. Sargon avait donné à son siècle un éclat dont les savants de Ninive ne sont que les échos. Il y avait de son temps à Agadé une bibliothèque dont nous pouvons juger l'importance par les fragments qui nous sont conservés à Ninive.

Nous sommes certains que dans ces temps reculés les grandes divisions de la carte uranographique étaient arrêtées. Les étoiles fixes étaient désignées suivant les différents groupes que l'observation avait déjà établis par des noms qu'ils ont conservés jusqu'à nos jours. C'est ainsi que nous trouvons notamment l'indication de l'étoile du *Char*, l'étoile du *Berger*, l'étoile de l'*Arc (le Sagittaire)*. En dehors de ces étoiles fixes, les signes du zodiaque étaient parfaitement indiqués dans cet espace de la voûte céleste que les textes désignent sous le nom de *barranu* « le chemin », c'est-à-dire le chemin des astres.

Ces astres sont les planètes. Les Chaldéens en connaissent sept que nous pouvons indiquer ici avec leur désignation chaldéenne en mettant en regard les noms que nous leur avons conservés : ce sont *Samas,* le Soleil ; — *Sin,* la Lune ; — *Alap-Samas,* Saturne ; — *Rus,* Jupiter ; — *Asbat,* Vénus ; — *Sulpa-sadu,* Mars ; — *Nivit-Anu,* Mercure.

Les savants ninivites avaient emprunté aux Chaldéens leurs connaissances astronomiques ; ils se servaient du calendrier tel qu'il leur avait été transmis et tel qu'il a été employé par toutes les nations depuis ces temps reculés jusqu'à nos jours.

L'année assyrienne se compose de douze mois lunaires. Elle commençait à l'équinoxe de printemps avec la nouvelle lune qui le précédait.

Une tablette très-connue fixe ainsi le jour des équinoxes [1] :

« Au 6ᵉ jour du mois *Nisan* (mars), les jours et les nuits sont égaux (et comprennent) six *kasbu* pour le jour et six *kasbu* pour la nuit. Que Nabu et Marduk soient propices au Roi mon seigneur.

Notons ici qu'une seconde tablette fixe les équinoxes au 15ᵉ jour du même mois, mais nous ne pouvons expliquer cette différence.

Pour corriger l'erreur qui résulte du défaut de concordance de l'année lunaire avec l'année solaire, on intercalait un mois supplémentaire dont la longueur devait nécessairement varier suivant les circonstances.

[1] Conf. : Textes : W. A. I., III, pl. 51. — Trad. : F. Talbot, Hincks, Oppert, Lenormant, etc., *passim*.

Les tablettes ninivites nous présentent des calendriers disposés de manière à répondre aux différentes exigences de la vie sociale. Quelques-uns, en effet, sont purement scientifiques et nous font voir les divisions de l'année suivant les jours, les mois et les saisons. D'autres sont rédigés en vue de satisfaire aux préoccupations religieuses, et nous présentent suivant les jours l'indication des fêtes consacrées aux divinités qu'on devait invoquer ou honorer par une cérémonie spéciale. D'autres enfin semblent correspondre aux idées superstitieuses qui avaient cours alors; ainsi les jours sont marqués d'un signe particulier, selon qu'on doit les considérer comme propices ou néfastes. Nous voyons des tables rédigées pour indiquer l'influence des astres sur chaque jour de l'année avec la mention des prières appropriées pour se rendre propices les augures favorables ou pour repousser ceux qui seraient funestes.

Il ne faut pas toutefois exagérer l'importance que ces derniers documents peuvent avoir; ils se rattachent à un ensemble de superstitions qui sont de toutes les époques et de tous les pays ; et, dans l'antique Orient comme partout, ces croyances ne doivent représenter qu'un des côtés les plus curieux, sans doute, mais les moins intéressants de l'histoire des aberrations de l'esprit humain ; nous devons toutefois y jeter un coup d'œil.

✻✻

✻

VII

LA MAGIE

~~~~

E N Orient, l'astronomie paraît avoir été de tout temps inséparable de l'astrologie. Les différentes populations qui ont occupé ces belles contrées si propices aux observations astronomiques ne pouvaient pas admettre que ces astres nombreux, dont le plus brillant a une action si directe sur notre terre, n'eussent pas tous une certaine influence sur nos destinées. Les disciples de Zoroastre partageaient en cela la même croyance que les adorateurs d'Assur ou de Nabu, et ces idées mêlées à des traditions scientifiques et religieuses tra-

vesties ou corrompues ont abouti à un ensemble
de pratiques et de formules réunies sous le nom
de *Magie*, dans lesquelles les superstitions de
tous les pays ont trouvé un commun refuge.

La Magie en Assyrie et en Chaldée nous est
révélée par des documents nombreux dont la
Bibliothèque d'Assur-bani-pal nous présente
les fragments les plus importants. Ces fragments se rapportent à un grand traité rédigé
sous le roi de Chaldée, Sargon l'Ancien, et dont
Assur-bani-pal avait fait faire plusieurs copies;
dans sa forme originelle, il se composait de
70 tablettes. Quelques fragments seulement
ont été publiés par Sir H. Rawlinson, et ces
spécimens suffisent pour nous donner déjà une
idée du contenu de ce vaste répertoire. Nous
y voyons, par exemple, les augures que l'on
peut tirer de la présence du soleil et de la lune
quand ils sont visibles en même temps et lorsque
la lune est visible ou cachée à un jour du mois;
les influences que les étoiles fixes ont sur notre
destinée : celles de la planète Vénus sont très-
multiples et occupent une longue place dans la
série. L'une des tablettes donne l'influence de

l'état général du ciel ; d'autres, les augures relatifs à chaque mois, les augures des éclipses de lune et les conséquences que l'on peut déduire de la présence d'un halo dans le ciel. Nous trouvons encore des pronostics d'après l'état des nuages ; ceux qui dérivent des songes, de la naissance des hommes ou des animaux, des conditions dans lesquelles naissent les enfants mâles ; enfin les pronostics de toute nature qu'on doit consulter pour apprécier le moment de commencer une entreprise ou de s'en abstenir.

Le chien joue un rôle important dans la vie des Assyro-Chaldéens. On le voit auprès de l'homme dans les combats, dans les chasses et dans les détails de la vie religieuse. Des maquettes en terre cuite nous ont conservé l'image des chiens d'Assur-bani-pal, et sur ces images nous voyons les noms qui leur avaient été attribués. Il ne faut pas être surpris de rencontrer le chien dans les symboles sacrés à côté du serpent, du scorpion et d'autres animaux. Les devins attachaient une grande importance à ses moindres actions et en tiraient des augures que nous trouvons consignés dans une longue énumération dont nous extrayons les passages suivants [1] :

« Si un chien rouge entre dans le palais, le palais sera détruit par l'ennemi.

« Si un chien blanc entre dans le temple, la durée du temple est assurée.

« Si un chien noir entre dans le temple, la durée du temple ne sera pas assurée.

« Si un chien gris entre dans le temple, le temple souffrira dans ses possessions.

« Si un chien jaune entre dans le temple, le temple souffrira.

« Si un chien rouge entre dans le temple, les Dieux du temple s'en iront. »

Voici des observations d'une autre nature qu'il est assez curieux de rapporter [2] :

« Si une femme met au monde un enfant qui a un « bec d'oiseau, le pays sera paisible ; — qui n'a pas de « bouche, la maîtresse de la maison mourra ; — qui n'a « pas de narines, le pays sera en deuil.

---

[1] Conf. : Textes : LENORMANT, Choix de textes, n° 89. — Trad. : ID., La Divination, p. 92.

[2] Conf. : Textes : W. A. I., III, 65·1. — Trad. : OPPERT, Journal asiat., 6ᵉ sér., t. XVIII, p. 449.

Nous ajouterons encore les pronostics suivants tirés de la naissance des enfants :

« Si une femme met au monde un enfant qui a sur la
« tête une coiffe, le bon augure entrera à son aspect
« dans la maison.

« Si une femme met au monde un enfant qui a des
« dents déjà poussées, les jours du Seigneur arriveront à
« la vieillesse, le pays se montrera puissant sur les
« étrangers, mais la maison où est né l'enfant sera
« ruinée. »

Il y avait également une série de pronostics tirés de la naissance des animaux; en voici des exemples [1] :

« Si une jument met bas un petit qui a les ongles d'un
chien, le pays sera amoindri; — qui a les ongles d'un
lion, le pays sera agrandi.

« Si les chiennes ne mettent bas qu'un seul petit, la
ville sera détruite.

« Si une brebis enfante un lion, le roi n'aura pas
d'égal. »

Nous pourrions multiplier les exemples à l'infini. Rien, en effet, n'était indifférent dans

[1] Conf. : Textes : W. A. I., III, 65-1. — Trad. : OPPERT, *Journal asiat.*, 6ᵉ sér., t. XVIII, p. 449 et suiv.

la création ; mais ce ne sont pas seulement les choses visibles qui peuvent exercer leur influence sur nous, le monde invisible est bien plus redoutable encore.

Les maux qui nous assiégent sont le produit de génies malfaisants qui, pour être cachés, n'en sont pas moins les auteurs des maladies que nous redoutons. La peste est engendrée par un démon nommé *Namtar* ; la fièvre, par un autre du nom d'*Idpa*. Ces deux agents principaux du mal sont escortés d'une phalange d'esprits inférieurs connus sous les noms de *Outouk*, d'*Alal*, de *Gigim*, de *Telal*, qui ont tous une fonction spéciale pour nous tourmenter.

L'Idpa agit sur la tête de l'homme ; le Namtar sur sa vie ; l'Outouk sur son front ; l'Alal sur la poitrine ; le Gigim sur ses viscères ; le Telal sur sa main.

Ces esprits avaient encore à leur disposition une armée d'agents secondaires auxquels l'homme attribuait toutes ses infortunes, et qui peuplaient le vide de cette nuit insondable, que les inscriptions appellent « le séjour dont on ne revient pas. »

Voici un passage qui mérite d'être cité [1] :

« L'imprécation mauvaise tombe sur l'homme comme un démon mauvais ; la voix qui crie existe sur lui ; la voix malfaisante existe sur lui ; l'imprécation mauvaise est l'origine de la maladie ; l'imprécation malfaisante égorge l'homme comme un agneau ; le démon malfaisant qui est dans son corps fait sa blessure ; le démon femelle lui cause des angoisses, et la voix qui crie, pareille à une hyène, le subjugue et le domine. »

Pour conjurer les funestes effets de ces agents sinistres on trouve un remède efficace dans certaines formules qu'il suffit de réciter en s'adressant à un Génie supérieur à celui qui vous obsède. Si ce Génie vous est propice, il donne alors au démon inférieur l'ordre d'abandonner la victime. C'est généralement le dieu du Soleil ou le dieu du Feu qu'on invoque dans ces circonstances.

Une hymne qui s'adresse au dieu Samas (le dieu du Soleil), renferme le passage suivant [2] :

[1] Conf. : Textes : W. A. I., I, IV, pl. 7. — Trad. : LENORMANT, Étud. acc., t. III, p. 83.

[2] Conf. : Textes : W. A. I., IV, 17. — Trad. : LENORMANT, La Magie, p. 164.

4

« Toi qui fais évanouir les mensonges, toi qui dissipes la mauvaise influence des prodiges, des augures, des pronostics fâcheux, des songes, des apparitions mauvaises, toi qui déjoues les complots des méchants, toi qui mènes à la perdition les hommes et les pays qui s'adonnent aux sortilèges et aux maléfices. »

Nous croyons avoir suffisamment indiqué cette phase des aberrations de l'esprit humain, dont nous trouvons la trace dans cette grande civilisation à laquelle l'éclat scientifique n'a pas manqué. Il y a trop peu de temps que la science moderne s'est dépouillée des superstitions qui étaient acceptées au moyen âge pour que nous soyons sévères envers les Chaldéens du vingtième siècle avant notre ère.

VIII

LE DOGME

~~~~~~~

L est assez difficile de distinguer aujour-
d'hui le lien qui unissait la science à
l'astrologie et l'astrologie à la religion. Le
dogme assyro-chaldéen n'est pas formulé dans
un texte qui permet d'en saisir l'ensemble, et
dès lors nous sommes obligés aujourd'hui
d'en rechercher la trace dans des fragments
de différentes provenances et de différentes
époques sans pouvoir leur donner l'unité qu'ils
devaient avoir dans la forme primitive ; aussi,
nous ne pouvons reconstituer dans son
ensemble le Panthéon assyrien.

L'examen le plus superficiel suffit pour nous faire comprendre que nous sommes en présence d'un polythéisme très-compliqué, mais aucun texte ne nous explique la hiérarchie qui devait régner dans le monde céleste.

On peut entrevoir au sommet de cette hiérarchie une divinité, une et à la fois multiple. Si le dogme la proclame dans certains passages, lorsque nous voulons la retrouver dans une individualité précise, elle échappe tellement que nous n'en saisissons plus que l'abstraction. Nous serions portés à supposer une hiérarchie céleste d'êtres habitant un monde supérieur et subordonnés à un Dieu tout-puissant qui gouverne les dieux, le monde et les hommes. Il trône dans des espaces inaccessibles à notre nature et n'apparaît que dans les légendes; sa puissance n'intervient que quand l'ordre de l'univers est menacé, comme nous le verrons dans la légende d'Istar, lorsque la déesse du séjour des morts veut retenir la fille de Sin dans le sombre séjour où elle s'est si témérairement engagée. Ce Dieu tout-puissant ne paraît pas accessible aux humains; autour de lui s'agitent des divinités secondaires qui semblent comme lui des esprits purs.

Dans la pratique du dogme, on entrevoit un ensemble de divinités dont l'action sur l'humanité apparaît plus directement. Ces Dieux prennent une forme plus saisissable, en général, la forme humaine souvent mêlée à des formes animales de poisson, de bœuf, d'oiseau. Les ailes ne paraissent avoir qu'une signification symbolique pour caractériser des êtres d'un ordre supérieur.

· Ces Dieux ont une hiérarchie assez définie ; on en compte douze qui portent le nom de Grands-Dieux. Celui qui paraît être le premier varie suivant les localités et suivant les époques. On voit qu'il a subi l'influence des conquêtes politiques et qu'il a changé suivant le sort des armes qui donnaient la prépondérance à telle ou telle localité où son culte était suivi.

A Ninive, le Dieu qui paraît être le plus élevé dans cette hiérarchie céleste, c'est Ilu ; son caractère n'en est pas plus défini et son symbole n'est souvent que la représentation abstraite de la divinité. Dans les textes historiques des rois assyriens, nous trouvons une énumération des Grands-Dieux qui sont invoqués par les souverains de la terre ; leur nombre et leur ordre n'est pas toujours constant ; quoi qu'il en soit, voici ceux que nous pouvons citer : Ilu, qui se confond souvent à Ninive avec Assur, puis Bel et enfin Anu. Ces trois divinités apparaissent comme le reflet des Dieux du monde supérieur que nous avons déjà indiqués sans pouvoir leur attribuer de noms. Puis viennent les Dieux plus particulièrement mêlés au monde visible : Sin, le dieu de la Lune; Samas, le dieu du Soleil ; Bin, le dieu des régions supérieures de l'atmosphère, l'arbitre du ciel et de la terre, le dieu qui préside aux tempêtes? Une série de divinités paraît spécialement affectée à la surveillance des planètes ; nous en indiquons ici le rapport : Adar (Saturne); — Marduk (Jupiter) ; — Nergal (Mars) ; — Istar (Vénus) ; — Nabu (Mercure).

Istar apparaît dans cet ensemble avec une individualité propre; cependant chacun des Grands-Dieux avait une épouse qu'on invoque souvent avec lui et qui semble le compléter.

Le rôle des Grandes-Épouses des Grands-Dieux est du reste moins déterminé; nous voyons figurer avec Istar, Beltis dont le nom se transforme et devient souvent comme celui d'Istar une appellation collective de toutes les divinités femelles; celles dont le nom semble avoir un caractère plus permanent sont : Zirbanit ou Zarpanit, la déesse qui représente particuliérement le principe fécond de l'univers; Tasmit, la déesse de l'intelligence. Toutes les divinités femelles semblent en rapport direct avec l'humanité, mais elles disparaissent souvent dans le monde supérieur et inaccessible pour ne se révéler que par une influence secondaire. De ces couples divins sont nés des Dieux secondaires dont le nombre paraît infini; une tablette de la Bibliothéque que nous explorons nous donne la liste des douze fils d'Anu avec leurs attributs; de ces fils sont nés d'autres divinités dont nous ne pouvons suivre la descendance. Il en est de même des autres Grands-Dieux.

A Babylone, les divinités sont les mêmes,

mais la hiérarchie est différente ; Bel semble
avoir remplacé Ilu, et Marduk, Assur. On
voit facilement que cette théogonie est em-
pruntée à une source commune qui nous
devient chaque jour plus accessible, mais
que nous n'avons pas encore suffisamment
explorée pour en préciser la nature.

Le développement artistique auquel les
Chaldéens étaient arrivés dès la plus haute
antiquité, nous permet facilement de supposer
que nous devrions trouver dans les monuments figurés ce que les textes ne nous font
pas encore connaître. Malheureusement, nous
ne pourrons être fixés sur le sens de ces figures
que les pierres gravées nous présentent, que
lorsque nous serons déjà éclairés par des textes
plus complets. On ne devine pas la signification d'un symbole ; aussi, c'est tout au plus si,
au milieu de toutes ces représentations si diverses, nous sommes à même de reconnaître la
figure de trois ou quatre divinités : Ilu, Nabu,
Marduk, Istar et Zarpanit ; nous ne pouvons
guère aller plus loin. Il y a surtout quelque chose
qui doit nous rendre circonspect dans nos

assimilations; ainsi, par exemple, nous savons
que les Assyriens, s'étant rendus maîtres d'une
ville ennemie, enlevèrent les images des divinités étrangères, mais ils les restituèrent à
leurs possesseurs après avoir inscrit sur ces
idoles les noms des dieux de l'Assyrie. Il ne faudrait donc pas trop se fier même à une inscription assyrienne pour être fixé sur la valeur
de l'image d'une divinité, puisque des faits
de cette nature pouvaient se reproduire dans
chaque campagne. C'est ainsi sans doute qu'on
peut expliquer comment le même symbole
qui, dans toute la Mésopotamie, a représenté
l'idée abstraite de la divinité sous le nom de
Ilu, apparaît sur les monuments des Achémé-
mides pour représenter Ormuzd.

Le culte assyro-chaldéen avait des formes
très-solennelles; nous connaissons déjà une
grande quantité d'hymnes qui s'adressent aux
principales divinités; et, comme chaque mois
et chaque jour du mois était sous la protection d'une divinité particulière, on comprend
que le rituel assyro-chaldéen devait être considérable. On connaît des hymnes à Nabu,

à Sin, à Samas, à la déesse Annunit, au Feu, aux Éléments. Voici une hymne qui peut donner une idée de la poésie lyrique dont la Bibliothèque de Ninive renferme de nombreux fragments [1].

« Seigneur illuminateur des ténèbres qui pénètre l'obscurité ;

« Dieu bon qui relève ceux qui sont dans l'abjection, qui soutient les faibles ;

« Les Grands-Dieux dirigent leurs regards vers ta lumière ;

« Les esprits de l'abîme contemplent avidement ta face ;

« Le langage de la louange comme un seul mot tu l'adresses ;

« Le .... de leur tête cherche la lumière du soleil au Midi ;

« Comme un fiancé tu te reposes plein de joie et gracieux ;

« Dans ta splendeur tu atteins les limites du Ciel ;

« Tu es l'étendard de cette vaste terre ;

« O Dieu, les hommes qui habitent au loin te contemplent et se réjouissent. »

---

[1] Conf. : Textes : W. A. I., IV, pl. 19-2. — Trad. : SAYCE, *Lectures upon B. Literature*, 43. — LENORMANT, *Records of the Past*, t. XI, p. 123.

Les cérémonies religieuses étaient en
rapport avec le culte extérieur; elles abou-
tissaient toutes à une invocation ou à un sacrifice. Les scènes gravées sur les cylindres nous
montrent des échantillons de ces cérémonies;
nous voyons souvent le pontife dans la pose
de l'adoration ou de la prière, quelquefois seul,
souvent en présence d'un autel sur lequel
repose l'objet de l'adoration ou qui va servir
au sacrifice. La victime la plus ordinaire est
un bélier ou un chevreau. Les rois d'Assyrie
ne commençaient jamais une expédition
importante sans avoir invoqué les Dieux et
accompli les cérémonies religieuses; à la suite
d'une victoire, ils offraient un sacrifice sur les
confins de la nouvelle limite que la conquête
donnait à leurs États. Ces sacrifices avaient lieu
généralement en plein air; cependant les temples étaient nombreux en Assyrie et en Chaldée;
leur forme traditionnelle est la pyramide à
étage; chaque ville avait un ou plusieurs
temples de cette nature, sous le vocable
d'une des divinités du Panthéon assyrien. Une
tablette de la Bibliothèque nous donne l'énu-

mération de ces différents sanctuaires où les présents des fidèles abondaient et s'accumulaient jusqu'au moment où des guerres venaient les disperser.

La cosmogonie occupe une large place dans les tablettes de la Bibliothèque d'Assurbani-pal. Parmi toutes ces tablettes, celles qui ont trait à la Création du monde, particulièrement à l'histoire du Déluge, ont conquis récemment une notoriété qu'on comprendra facilement. Ces vieilles traditions forment un ensemble dont il n'est plus possible de détourner l'attention. Quelles que soient les explications philologiques auxquelles on pourra se livrer, il y a un fait qui domine et qui donne à ces débris une importance incontestable, c'est leur rapport avec les données mosaïques. Il est certain, en effet, que la chute de Ninive est antérieure à la captivité de Babylone et que la rédaction de la Bible, dans sa forme actuelle, est postérieure au retour de la captivité. Ce n'est donc pas sans intérêt qu'on pourra rapprocher les traditions bibliques d'un texte qui n'a pu être altéré depuis le jour

où il a été enseveli sous les ruines des palais
assyriens. Ce n'est pas tout : ces vieilles légendes assyriennes ne sont que la traduction
d'un texte sumérien que Assur-bani-pal avait
fait copier et traduire dans les bibliothèques de
la Basse-Chaldée, car nous savons positivement
que ces textes sont antérieurs au règne de
Sargon l'Ancien, et dès lors antérieurs de
plusieurs siècles à l'époque où Abraham a
dû quitter la Chaldée.

Ce n'est pas ici sans doute la place de se
livrer à une discussion de philologie pure ;
nous dirons seulement ceci : lorsque nous nous
trompons quand nous traduisons une hymne
qui s'adresse au dieu Sin pour l'appliquer à
toute autre divinité du Panthéon assyrien, il y
a là, sans doute, une erreur regrettable ; mais
cette méprise, fût-elle des plus grossières,
n'aura aucune influence sur nos préoccupations actuelles. Il en est autrement si nous
nous adressons à un texte qu'on peut mettre
en regard de celui qui touche à des croyances
intimes, soit pour le fortifier, soit pour le
combattre, soit pour en expliquer l'origine.

En Angleterre et dans les pays protestants, les découvertes de M. G. Smith lui ont acquis une notoriété passionnée, et déjà on accepte avec empressement et confiance ses traductions qu'une critique rigoureuse n'a pas encore justifiées. En France, ces découvertes ont provoqué tout d'abord moins de curiosité, et les assyriologues qui étudient les textes légendaires peuvent le faire avec tout le calme qui convient à la science.

Cependant, de ces hautes régions, les traductions ont passé dans des livres élémentaires où on a cherché à les faire servir à l'appui d'idées préconçues, en dénaturant souvent leur sens véritable. Nous ne saurions trop nous élever contre ce parti pris. Ce n'est pas d'aujourd'hui que nous avons proclamé que la science désintéressée doit scruter avec la même impartialité tous les livres, toutes les légendes, tous les documents qui sollicitent l'attention de l'esprit humain.

L'histoire de la Création comprend un ensemble de plusieurs tablettes dont le texte a été publié en 1875 dans les Transactions de la Société d'archéologie biblique. Ce texte comprend six fragments faisant partie d'une série de tablettes désignée en assyrien sous le titre de *Enuva*, « autrefois. »

Le récit de la Création correspond à la première tablette. Nous pouvons citer le passage suivant sur lequel la critique la plus rigoureuse n'a relevé que quelques erreurs de détail. Depuis la première traduction de M. Smith, cette tablette a été traduite par tous les assyriologues ; voici la version de M. Oppert, à laquelle nous n'avons aucune modification à apporter [1] :

> « Autrefois, ce qui est en haut ne s'appelait pas
> « encore le Ciel et ce qui est en bas sur la terre n'avait
> « pas de nom. L'abime infini fut leur origine. La mer
> « qui a tout engendré était un chaos. Les eaux furent
> « rassemblées ensemble. C'était alors une obscurité pro-
> « fonde sans aucune lueur, un vent d'orage sans repos.
>
> « Autrefois les Dieux n'existaient pas encore : aucun
> « nom n'était nommé, aucun destin déterminé et les
> « grands Dieux furent faits. Les Dieux Lahma et Lahama

---

[1] Conf. : Textes : G. SMITH, *Transac. of the B. S.*, t. IV, p. 363. — Trad. : DELITZSCH, *Ass. Leseslücke*, p. 78. — OPPERT, *Fragments de cosmog.*, p. 1. — J. MENANT, *Manuel*, p. 378.

« existèrent seuls jusqu'à ce que leur nombre fut
« augmenté. Les Dieux Assur et Kisar naquirent alors
« et un grand nombre de jours s'écoula ensuite. »

Après la création des Dieux, nous arrivons
au passage le plus important, puisqu'il a trait à
la création de notre planète et de ses habitants.
Il est compris malheureusement dans les trois
tablettes suivantes qui sont en partie perdues, et
qui se rapportaient selon toute apparence à la
création de la lumière, de l'atmosphère et du
firmament; une ou deux lignes mutilées d'un
passage assez obscur, il est vrai, suffisent cependant pour le faire supposer. La cinquième
tablette correspond au quatrième jour de la
Genèse et nous faire connaître la création des
astres, de la lune, du soleil et de leur rôle sur
l'ordre des saisons; puis de la création des
étoiles, des constellations, de la division de
l'année et du jour où elle commence. Le Chaos
entra en ébullition ; les Dieux en firent sortir
le Dieu Sin (la Lune) pour gouverner la nuit
et faire la lumière jusqu'au lever du jour; le
récit mutilé ne reprend que sur la septième
tablette où un fragment paraît répondre au

sixième jour de la Création. On y lit, en effet [1] :

« Quand les Dieux dans leur assemblée eurent créé
« ces choses, ils furent satisfaits. Les grands monstres
« (s'agitaient), ils en firent des créatures vivantes.... les
« animaux des champs, les bêtes des champs, les
« animaux rampants des champs, ils en firent des créa-
« tures vivantes..... »

On ne saurait méconnaître l'intérêt qui s'attache à ce récit ; malheureusement, arrivé à ce point, les mutilations du texte sont trop nombreuses, les lacunes trop grandes pour essayer de restituer même le récit de la création de l'homme et des événements qui s'accomplirent alors.

Lorsque M. G. Smith veut suivre le récit et le rattacher à la Genèse, nous sommes obligés de nous arrêter et de demander compte à notre guide du chemin qu'il va nous faire parcourir. Il nous transporte, en effet, au moment où les premiers humains vont désobéir à l'ordre du Créateur et encourir cette malédiction funeste

[1] Conf. : Textes : G. SMITH, Transact. of B. S., p. 363. — Trad. : G. SMITH, Chaldean account, p. 76.

qui pèse pour l'éternité sur les destinées du genre humain.

Ici l'état matériel du texte provoque notre défiance et la traduction est loin de nous satisfaire. M. G. Smith rattache, en effet, à la série des tablettes qui portent le titre de *Enu-va*, un fragment que l'apparence matérielle ne saurait y relier. La brique n'a pas la même couleur; la terre n'est pas la même; quant au texte, le commencement et la fin de la tablette manquent. Ce n'est donc que par l'ensemble du récit qu'on pourrait le rattacher à la série qu'on voudrait compléter. Or, pour arriver à ce résultat, il n'y a qu'un mot sur lequel M. G. Smith et ceux qui l'ont suivi appuient leur idée. Ce mot serait précisément celui qui désigne le serpent, dont le rôle a été si funeste. M. Oppert a analysé ce mot dans une de ses leçons au Collège de France avec une sagacité qui ne laisse rien subsister de la traduction de M. G. Smith. D'un autre côté, M. G. Smith appuyait encore son interprétation sur des documents d'une autre nature que nous avons contrôlés nous-mêmes. Il citait, par exemple, une pierre gravée du Musée Britannique sur laquelle on voyait d'après lui Adam et Eve en présence de l'arbre fatal et cédant à l'inspiration du serpent qui, caché derrière Eve, lui soufflait des tentations perfides. La production d'un pareil document était de nature à faire une certaine impression; il paraissait déjà accepté comme une preuve suffisante dans les livres élémentaires, et il aurait passé bientôt pour une vérité incontestée si on n'avait pas fait voir tout ce qu'il y avait là d'erroné. J'ai vérifié ce monument et rien n'est plus fragile que la preuve qu'on voulait en tirer; rien n'est plus étranger au texte qu'on voulait corroborer que la scène gravée sur ce cylindre qui représente *deux hommes* assis devant un arbre, dans l'attitude ordinaire de l'adoration, et posés symétriquement comme on les retrouve ailleurs devant un autel, pour accomplir un rite encore inexpliqué de l'histoire religieuse de l'Assyrie ou de la Chaldée. Quant au serpent qui figure derrière l'une ou l'autre des figures assises, on le rencontre sur les documents les plus divers avec un sens mythique qu'il nous est interdit de préciser ; mais, dans tous les cas, on ne saurait l'assimiler au serpent tentateur. Voilà ce qui résulte de l'examen auquel nous nous sommes livré après avoir comparé ce cylindre au Musée Britannique avec les nombreux documents analogues de ce musée, et avec les nombreuses empreintes que nous avons recueillies depuis dix ans dans tous les musées d'Europe [1]. Aussi nous croyons avoir le droit de dire qu'il est téméraire de faire intervenir à l'appui d'une traduction incertaine les monuments figurés de l'art assyrien, lorsque les traductions les plus rigoureuses doivent seules les expliquer.

Une autre série nous présente un intérêt aussi considérable et nous offre une concordance plus rigoureuse avec un chapitre tout entier de la Genèse ; nous voulons parler du récit du Déluge.

C'est en 1872 que M. G. Smith a découvert, dans les tablettes de la Bibliothèque royale de Ninive, les premiers fragments du récit

---

[1] Conf. : *Compte-rendu de l'Académie des Inscriptions et Belles-Lettres*, 1879, p. 270.

chaldéen du Déluge. Le poème était compris dans une série de douze tablettes qu'il a fallu reconstruire en rapprochant quatre-vingts fragments provenant de trois exemplaires différents. En 1873, M. G. Smith fut envoyé en Assyrie aux frais du journal anglais le *Daily Telegraph* pour y faire des fouilles et rechercher les fragments qui manquaient à Londres. Sa mission eut les plus heureux résultats et il a réussi à compléter à peu près entièrement les exemplaires du Musée Britannique. Ces exemplaires sont des copies exécutées par ordre d'Assur-bani-pal au viie siècle avant notre ère, sur un original très-ancien qui existait alors dans la bibliothèque d'Erech, l'Orchoé des Grecs. La date de la version originale n'est pas connue et ne peut être qu'approximativement fixée à quinze ou vingt siècles antérieurement.

Le poème dont le récit du Déluge est un épisode porte le nom de son héros Izdubar. C'est à la fois un grand chasseur et un grand guerrier qui étendit son royaume autour de

Babylone et s'avança bientôt à la conquête de
toutes les vallées du Tigre et de l'Euphrate,
depuis l'Arménie jusqu'au golfe Persique. La
légende d'Izdubar était écrite sur douze tablettes ; les dix premières sont consacrées au
récit de la vie et des exploits de notre héros,
à cette époque légendaire où la terre était
encore couverte de monstres. Nous arrivons à
la Xe tablette au moment où Izdubar, déjà
vieux, vient de perdre un compagnon d'armes
avec lequel il s'était lié pour combattre ces
monstres. C'est alors qu'il se met à la recherche
d'un personnage qui avait été témoin du Déluge, et qu'il forme la résolution d'aller l'interroger pour apprendre de sa bouche le récit de
cette épouvantable catastrophe. Ce personnage se nomme Hasisadra, le Xisuthrus de
Bérose ; on l'a identifié avec le Noé de la
Bible. Izdubar, après avoir longtemps cherché
le vieillard, le trouve à la fin dans un pays
situé à l'embouchure de l'Euphrate ; il était
endormi. Les mutilations de la tablette ne
permettent pas de savoir comment la conver-
sation a pu s'engager entre les deux interlo-

cuteurs ; mais, au commencement de la XIᵉ tablette, Izdubar demande à Hasisadra comment il est devenu immortel. Dans sa réponse, Hasisadra lui raconte l'histoire du Déluge dont nous pouvons détacher le passage suivant [1] :

« Hasisadra parla en ces termes à Izdubar : Je vais te révéler, Izdubar, l'histoire cachée, et je vais te faire connaître le jugement des Dieux. La ville de Surippak, la ville que tu as établie, était très-ancienne, les Dieux me firent entendre ainsi leur volonté : Fils d'Ubarratutu, de Surippak, fais un grand vaisseau d'après ce que je te dis, je détruirai les pécheurs et la vie ; fais entrer la semence de la vie au milieu de ce vaisseau. Le vaisseau que tu construiras aura 600 coudées dans sa longueur et 60 coudées dans sa largeur et dans sa hauteur. Lance-le sur l'abîme. Je compris et dis à Hea : Mon seigneur, le vaisseau que tu m'as commandé, quand je l'aurai fait, jeunes et vieux se moqueront de moi. Hea ouvrit la bouche, il parla, et me dit à moi, son serviteur : Tu leur diras (ici un passage mutilé)... entre en dedans et ferme la porte du navire ; rassemble au milieu de lui ton grain, tes meubles et tes biens, tes richesses, les serviteurs de

[1] Conf. : Textes : W. A. I., IV, pl. 50. — Trad. : OPPERT, Fragments de cosmogonie, p. 13. — G. SMITH, The chaldean account of Genesis, p. 264.

ta femme, tes femmes esclaves et les jeunes gens, je t'en-
verrai les animaux des champs, toutes les bêtes des
champs, et ils seront enfermés derrière la porte. »

Le reste du récit énumère les détails de la
construction du vaisseau et les préparatifs de
l'entrée des serviteurs de Hasisadra, de sa
femme et des animaux de la terre. L'inon-
dation arriva au milieu d'un cataclysme qui
ravagea la surface de la terre ; les eaux s'éle-
vèrent jusqu'au ciel et la terre fut changée en
abîme. Les Dieux en furent épouvantés et
cherchaient déjà un refuge, lorsque le vent et
la tempête, après avoir soufflé pendant six jours,
se calmèrent et le Déluge s'apaisa. Hasisadra
ouvrit alors une fenêtre ; il aperçut autour de
lui la mer qui s'agitait et les hommes dont les
corps flottaient comme des roseaux sur l'abîme.
Au loin s'élevait la montagne de Nizir. Hasisadra envoya alors une colombe : elle partit,
mais elle ne trouva point une place pour se
reposer et revint au navire ; le lendemain il
envoya une hirondelle, et l'hirondelle revint
également au navire ; le jour suivant il envoya

un corbeau, et le corbeau ne revint pas, ayant trouvé au loin sa nourriture.

Ici l'inscription présente une grande lacune ; quand nous pouvons reprendre le récit, nous voyons Hasisadra sur une haute montagne où il offre des sacrifices aux Dieux ; il leur demande de ne plus envoyer de Déluge et d'épargner les hommes.

Tel est, en résumé, le récit du Déluge ainsi que les tablettes assyriennes nous l'ont fait connaître. Si nous n'avons pas reproduit les détails de la version antique, nous n'avons rien supprimé de nature à en altérer le caractère. C'est du reste une des inscriptions dont le sens est le moins douteux dans son ensemble, et dont on peut le plus facilement se rendre compte. Celle-ci n'a soulevé aucune observation sérieuse de la part des savants qui, comme nous, l'ont étudiée sur le texte antique.

Déjà, plusieurs fois, on a mis en parallèle le récit chaldéen et le récit mosaïque pour en faire ressortir la concordance ; ces rapports sont indiscutables, quelle que soit la consé-quence qui pourra en découler un jour.

Nous ne pouvons, d'un autre côté, passer sous silence les tentatives qui ont été faites pour découvrir dans les textes assyro-chaldéens des passages qui auraient trait à la construction de la Tour de Babel. Nous constaterons que jusqu'ici on n'a découvert aucun texte qui puisse s'y rapporter d'une manière directe ou même détournée. Il faut donc rejeter l'autorité des traductions sur lesquelles on croyait pouvoir s'appuyer. C'est avec le même insuccès qu'on a essayé de trouver dans les monuments figurés des sujets qui pouvaient s'y rapporter. Depuis longtemps, nous avons fait justice de l'une et de l'autre de ces prétentions, et nous croyons inutile d'y revenir pour y insister aujourd'hui.

IX

LÉGENDES

~~~~~

'IMAGINATION féconde des peuples de la Haute-Asie ne s'était pas contentée d'une froide théogonie ou d'un exposé des forces de la nature. Un ensemble de légendes donnait une forme à toutes les conceptions de l'esprit et une vie réelle à ces divinités qui, sans cela, seraient restées comme des abstractions accessibles à la froide raison de quelques penseurs privilégiés, mais qui n'auraient eu aucune existence saisissable, aucune influence sur le peuple. Les légendes se trouvent, du reste, chez toutes les nations, et les scènes qu'elles décrivent se passent toujours à l'origine du monde, à une époque où elles échappent au contrôle de l'histoire.

Il est certain que le point de départ des croyances religieuses des Assyriens est antérieur à l'époque où ils ont occupé les bords du Tigre et où ils ont accepté la religion des peuples sumériens qui les avaient précédés. L'étude des vieilles légendes dont la Bibliothèque de Ninive renferme de nombreux fragments, nous fixera peut-être un jour sur ce point qu'il sera toujours prématuré de traiter tant que la langue de Sumer ne nous sera pas aussi familière que l'assyrien. Pour le moment, tout travail de synthèse nous paraît impossible. Le nombre des documents sumériens auxquels il faudra nécessairement se reporter est considérable et s'accroîtra vraisemblablement par suite des découvertes que l'avenir nous réserve en Chaldée. Quant à présent, nous ne pouvons que nous borner à recueillir ce que les traductions assyriennes nous en ont déjà fait connaître.

Parmi ces légendes, il nous suffira d'indiquer le titre de quelques-unes dont le sujet ne paraît pas de nature à éveiller particulièrement notre curiosité. Nous citerons, par exemple, une légende en sumérien, avec traduction assyrienne, qui nous raconte les méfaits des sept esprits du mal. Une autre nous donne l'histoire du péché du dieu Zu, consignée sur des tablettes dont l'état de conservation laisse beaucoup à désirer. La traduction en est partant assez difficile et les lacunes du texte ne permettent pas de se faire une idée très-nette de la faute commise par le Dieu. Quel est en effet ce péché, et en quoi consista-t-il ? C'est ce que l'examen du texte ne permet pas de décider. On voit que Zu déroba des choses assurément très-précieuses, les *umsimi*, puisque, dans l'énumération qui va suivre, ils sont placés à côté de la couronne et des habillements royaux ; mais il est impossible de définir la nature de ces *umsimi*. Dans les premières lignes, il est parlé du Destin ; puis Zu devint vieux, et Bel s'endormit ; alors Zu dépouilla le père des Dieux de ses vêtements divins, de sa couronne, de ses *umsimi*, et, dans l'ardeur de son cœur, il voulut établir son pouvoir et gouverner la *semence des anges*. Plein de son dessein criminel, il s'endurcit le cœur au point de faire la guerre au dieu Bel; mais ayant échoué dans son entreprise impie, il fut obligé de se cacher dans son pays; pendant ce temps, le dieu Anu parlait à ses fils et leur ordonnait de le tuer, tandis que ceux-ci demandaient à leur tour que Zu fut exclu de la compagnie des Dieux.

Telle est la relation très-obscure de la révolte du dieu Zu, qui jusqu'alors n'avait jamais été compté au nombre des Dieux. D'après une autre tablette, il paraît que la forme extérieure de cette divinité était celle d'un oiseau de proie. Il se confond alors avec le dieu Saturda qui, « par la volonté de son cœur, prit l'aspect d'un oiseau », le divin oiseau de l'orage, qui est aussi l'oiseau Zu. Ce dieu Saturda était fort en renom dans les temps primitifs; il était seigneur de la ville d'Amarda ou Narar, et on le considérait comme la divinité adorée par Izdubar. Comme on le voit, cette légende est encore fort incomplète à cause des lacunes du texte.

Une collection de cinq tablettes mentionne les exploits de Lubara, le dieu de la Peste. M. G. Smith lit le nom du héros de cette légende avec une certaine hésitation ; il l'appelle Lubara ou Dubara, une forme douteuse de Ninip. — Lubara avait un compagnon, une divinité nommée Itak qui le précédait, et sept Dieux le suivaient dans sa course de destruction.

D'après l'ensemble des tablettes, il paraît que les habitants de la terre avait offensé Anu, *le Dieu du ciel*, qui ordonna à Lubara d'aller frapper le monde de la peste. Il y a une description des ravages causés par le fléau qui est traitée d'une manière assez poétique, mais toutes les briques qui renferment ce récit sont tellement mutilées, que si le sens général se dégage facilement pour le philologue, il serait téméraire de vouloir livrer une traduction aussi fragmentaire au grand public qui ne pourrait apprécier les phrases décousues et sans suite du texte ; dans ce cas, on ne peut donc qu'indiquer sommairement le contenu des tablettes.

La légende de la Descente de la déesse Istar aux enfers est une des mieux comprises et mérite d'être mise en relief. En voici le résumé :

Istar, la Grande-Déesse de la guerre, la fille du dieu Sin, avait un fils qu'une fin prématurée avait précipité dans l'Aral (dans le séjour des morts) ; la Grande-Déesse, la douleur dans l'âme, résolut d'aller elle-même chercher ce fils adoré aux enfers et de le ramener à la vie. Dans ce but, Istar, la fille de Sin, s'avance vers la maison de l'éternité, la demeure du Dieu Irkalla, vers cette demeure où l'on entre, mais dont on ne sort pas ; elle suit cette route où l'on s'achemine sans retour, et arrive à la porte de la fatale demeure. Gardien, dit-elle, ouvre ta porte pour que j'entre, car si je n'entre pas, je briserai les verrous, je démolirai le seuil, je franchirai les portes et je ferai échapper les morts. Le gardien, après avoir salué la Grande-Déesse Istar, lui dit qu'il allait porter l'expression de son désir à la Grande-Déesse Allat, la Reine des Grands-Dieux. Celle-ci lui donna l'ordre de laisser entrer la déesse Istar, en accomplissant les rites accoutumés.

La sombre demeure était fermée par sept portes ; et, pour se présenter devant Allat, il fallait être nu ; aussi le gardien, en lui ouvrant chaque porte, la dépouille de l'un de ses vêtements, jusqu'à ce qu'elle se trouve nue devant la Déesse.

Lorsque Istar se présenta ainsi, Allat se moqua d'elle, non pas parce qu'elle était nue, comme l'a indiqué M. Oppert, mais, selon nous, parce qu'elle avait franchi la porte du séjour dont on ne revient pas et qu'elle était sa prisonnière. Istar voulut se révolter, mais Allat lui parla ainsi, en invoquant le dieu des Destinées : Va, dit-elle, Dieu qui fixe les Destinées, emmène-la ; accable Istar de soixante maladies : sur les yeux, sur les côtés, sur les pieds, sur le cœur, sur la tête ; répands la torpeur sur tous ses membres. Après ces paroles, la déesse Istar fut enfermée dans le sanctuaire éternel.

Cependant l'absence de la déesse Istar se fit sentir sur la terre par des calamités affreuses. Le dieu Turda, le serviteur des Grands-Dieux, se déchira le visage en présence du dieu Samas ; les Dieux s'assemblèrent; ils tinrent conseil, et le dieu des Ondes créa un dieu nouveau, Uddusnamir, pour l'envoyer vers les portes de l'Aral, auprès de la déesse Allat, et lui notifier la volonté des Dieux qui réclamaient le retour d'Istar.

Lorsque Allat reçut ces ordres, elle s'humilia devant Uddusnamir contre lequel elle épuisa cependant sa colère ; puis elle donna l'ordre au dieu des Destinées de pénétrer dans l'Aral, de faire boire à Istar les eaux de la vie et de la faire sortir du séjour où elle n'aurait pas dû pénétrer.

Le Dieu exécuta les ordres d'Allat, et lorsque Istar eut bu les eaux de la vie, il lui fit franchir les sept portes qui s'étaient refermées sur elle, en lui restituant à chaque porte les ornements dont elle avait été dépouillée. C'est ainsi qu'elle fut rendue à la vie céleste. Quant au *dieu Rejeton*, son fils, *le petit divin*, qu'elle était venue chercher, son sort reste assez obscur ; il est certain, cependant, qu'il n'a pu être délivré du séjour de l'Aral.

Nous ne pouvons résister au plaisir de faire connaître une fois de plus cette légende dans son entier. [1]

LA LÉGENDE D'ISTAR.

— « Que vers le Pays immuable, le pays de mon exil, Istar, la fille de Sin, dirige son attention. »

— Et Istar, la fille de Sin, a dirigé son attention vers la Demeure éternelle, la demeure du dieu Irkalla ;

Vers la demeure où l'on entre mais dont on ne sort pas ;

Vers le chemin que l'on parcourt, mais par où l'on ne repasse plus ;

Vers la demeure où celui qui entre trouve la nuit au lieu de la lumière ;

Le lieu où l'on mord la poussière, où l'on mange la boue ;

[1] Conf.: Textes : *Collection. Phot.*, n° 62. — W. A. I., IV, pl. 31. — LENORMANT, *Choix de textes*, p. 109-105. — F. DELITZSCH, *Assyr. Lesestücke*, p. 56, n° 3. — Trad.: F. TALBOT, *Journ. of the R. A. S.*, n. s., t. VI, p. 25-26, et *Transact. of the S. of Bibl.*, av. II, p. 179, III, I, 118. — G. SMITH, *Daily Teleg.*, 14 août 1874. — SCHRADER, *Die. Höllenfahrt der Istar.* — LENORMANT, *Essai de comment. sur Bérose*, p. 458. — J. MENANT, *Babylone et la Chaldée*, p. 135. — OPPERT, *Annales de philos. chrét.*, 1875.

Où l'on ne voit pas le jour, où les ténèbres demeurent ;

Les ombres, comme des oiseaux, ont un vêtement de plumes ;

Au-dessus des montants et des linteaux de la porte, la terre s'accumule.

Istar s'approcha de la porte du Pays immuable ;

Et elle a ainsi exprimé sa volonté au gardien de la porte :

— « Gardien de ces lieux, ouvre ta porte !

« Ouvre ta porte pour que j'entre, moi !

« Si tu n'ouvres pas la porte, si je n'entre pas, moi, j'assiégerai la porte, j'en briserai les ferrures ;

« Je démolirai l'enceinte ; je franchirai la clôture ;

« Je ferai sortir les morts comme des loups affamés ;

« J'augmenterai les vivants (du nombre) des morts ressuscités. »

Le Gardien ouvrit la bouche, il parla et il dit à la Grande-Déesse Istar :

— « Sois la bienvenue, Déesse, ne fais point cela ; je vais porter cette nouvelle à la Reine des Grands-Dieux. »

Le Gardien entra et dit à (Allat) la Grande-Déesse de la Terre :

— « Souveraine de ces lieux, ta sœur Istar (veut entrer ici). Elle méprise la défense des grandes lois de (ce séjour). »

Allat, la Déesse de la Terre, ouvrit la bouche :

— « Nous sommes comme l'herbe coupée (eux comme), le bronze ;

« Nous sommes comme la plante fanée, (eux comme)
l'arbre fleurissant ;

« Elle m'apporte le courroux de son cœur, le courroux
de son foie. »

— « Souveraine de ces lieux, moi je ne dois pas con-
tester avec toi ;

» Je me mangerai comme du pain...... je boirai mon
.... comme l'eau des ruisseaux ;

« Laisse-moi pleurer sur les héros dont j'ai livré les
épouses ;

« Laisse-moi pleurer sur les esclaves abandonnées;

« Laisse-moi pleurer sur l'enfant nouveau-né enlevé
avant le temps. »

— « Va, Gardien, ouvre-lui la porte;

« Dépouille-la de ses vêtements, suivant l'antique
usage. »

Le Gardien s'en alla et lui ouvrit sa porte :

— « Entre, Déesse, et que ta volonté s'accomplisse.

« Le palais du Pays Immuable va s'ouvrir devant toi. »

Elle franchit la première porte, il la toucha et lui
enleva la grande couronne qui ornait sa tête.

— « Pourquoi, Gardien, m'enlèves-tu la grande couronne qui orne ma tête ? »

— « Entre, Déesse, c'est ainsi que l'exigent les lois
de la Grande-Déesse de la Terre. »

Elle franchit la seconde porte, il la toucha et lui enleva
ses boucles d'oreilles.

5

— « Pourquoi, Gardien, m'enlèves-tu mes boucles d'oreilles ? »

— « Entre, Déesse, c'est ainsi que l'exigent les lois de la Grande-Déesse de la Terre. »

Elle franchit la troisième porte, il la toucha et lui enleva les pierres du collier de son cou.

— « Pourquoi, Gardien, m'enlèves-tu les pierres du collier de mon cou ? »

— « Entre, Déesse, c'est ainsi que l'exigent les lois de la Grande-Déesse de la Terre. »

Elle franchit la quatrième porte, il la toucha et lui enleva la tunique qui couvrait son corps.

— « Pourquoi, Gardien, m'enlèves-tu la tunique qui couvre mon corps ? »

— « Entre, Déesse, c'est ainsi que l'exigent les lois de la Grande-Déesse de la Terre. »

Elle franchit la cinquième porte, il la toucha et lui enleva la ceinture de pierres précieuses qui ornait sa taille.

— « Pourquoi, Gardien, m'enlèves-tu la ceinture de pierres précieuses qui orne ma taille ? »

— « Entre, Déesse, c'est ainsi que l'exigent les lois de la Grande-Déesse de la Terre. »

Elle franchit la sixième porte, il la toucha et lui enleva les anneaux qui ornaient ses mains et ses pieds.

— « Pourquoi, Gardien, m'enlèves-tu les bracelets qui ornent mes mains et mes pieds ? »

— « Entre, Déesse, c'est ainsi que l'exigent les lois de la Grande-Déesse de le Terre. »

Elle franchit la septième porte, il la toucha et lui enleva le voile qui couvrait sa pudeur.

— « Pourquoi, Gardien, m'enlèves-tu le voile qui couvre ma pudeur ? »

— « Entre, Déesse, c'est ainsi que l'exigent les lois de la Grande-Déesse de la Terre. »

Et alors Istar entra dans le séjour du Pays Immuable (du Pays dont on ne revient pas).

La Grande-Déesse de la Terre la regarda et se moqua d'elle.

Istar ne se contint pas et se jeta sur elle.

La Grande-Déesse de la Terre ouvrit la bouche et parla

Au Dieu qui fixe les destinées (le dieu Namtar) et lui fit connaître ses volontés ainsi :

« Va, Namtar, ...

« Emmène-la, et de soixante (maladies frappe) Istar.

« La maladie des yeux ;

« La maladie des côtés ;

« La maladie des pieds ;

« La maladie du cœur ;

« La maladie de la tête ;

« Sur tous ses membres (répands la maladie). »

Ensuite, la Déesse Istar fut enfermée dans le Séjour Eternel.

(Alors) le taureau ne voulut plus aller vers la vache, l'âne ne voulut plus de l'ânesse ;

L'épouse ne voulut plus de l'époux ;

Le guerrier résista aux ordres de son chef ;
Et l'épouse résista dans les bras de son époux ;

Le dieu Turda, le serviteur des Grands-Dieux, se déchira le visage en présence du dieu Samas.

« Redoute (dit-il) l'accomplissement du destin. »

Le dieu Samas s'en alla vers le dieu Sin, son père, qui envoya vers le dieu des Ondes un messager de malheur :

« Istar est descendue sous la terre et n'en est point remontée.

Depuis que Istar est descendue au séjour du Pays Immuable,

Le taureau ne va plus à la vache et l'âne ne veut plus de l'ânesse ;

L'épouse ne veut plus de l'époux ;

Le guerrier résiste aux ordres de son maître ;

Et l'épouse résiste dans les bras de son époux. »

Le dieu des Ondes dans la profondeur de son cœur conçut un projet.

Il créa le dieu Uddusnamir, le messager des femmes.

« Va, Uddusnamir, dirige ton esprit vers la porte du Pays Immuable ;

« Et les sept portes du Pays Immuable s'ouvriront devant toi ;

« Que la Grande-Déesse de la Terre te voie et qu'elle se montre à ta face ;

« Le calme rentrera dans son cœur et son courroux s'apaisera.

« Fais-lui connaître la volonté des Grands-Dieux ;

« Exécute ces projets, dirige ton esprit vers la source de la résurrection ;

« Éveille la Déesse, qu'elle ouvre la source de la résurrection et qu'elle en boive les eaux. »

Lorsque la Grande-Déesse de la Terre apprit ces choses.

Elle se frappa le front, elle se mordit le pouce.

Elle répondit humiliée devant celui qui ne s'humiliait pas :

« Va, Uddusnamir, voici la pénitence que je t'impose :

« La boue des murs de la ville tu mangeras ;

« Tu boiras l'eau des ruisseaux de la ville ;

« Tu seras enseveli sous le mur ;

« Tu demeureras dans les créneaux ;

« Le cachot et le châtiment effaceront la joie. »

La Grande-Déesse de la Terre ouvrit la bouche et dit

Au Dieu des destinées (Namtar), son conseiller, en lui exprimant ainsi sa volonté :

« Va, Namtar, va dans le Séjour Éternel ;

« Cache les tables de la connaissance de l'avenir ;

« Fais sortir le dieu des Anounnaki [1], assieds-le sur le trône d'or ;

« Fais boire à Istar les eaux de la vie, et retire-la de ma présence. »

Le Dieu des Destinées (Namtar) partit et pénétra dans le Séjour Éternel ;

---

[1] Le dieu des Esprits de la Terre.

Il voila les tables de la connaissance de l'avenir ;

Il fit sortir le dieu des Anounnaki, il le mit sur le trône d'or ;

Il fit boire à Istar les eaux de la vie et il l'emmena ;

Il la fit sortir par la première porte et il lui restitua le voile qui couvrait sa pudeur ;

Il la fit sortir par la seconde porte et lui restitua les anneaux qui ornaient ses mains et ses pieds ;

Il la fit sortir par la troisième porte et lui restitua la ceinture en pierres précieuses qui ornait sa taille ;

Il la fit sortir par la quatrième porte et lui restitua la tunique qui couvrait son corps ;

Il la fit sortir par la cinquième porte et lui restitua le collier de pierres précieuses qui ornait son cou ;

Il la fit sortir par la sixième porte et lui restitua ses boucles d'oreilles ;

Il la fit sortir par la septième porte et lui restitua la grande tiare qui ornait sa tête ;

Puis elle absorba le breuvage et retourna sur la terre.

Elle dit alors au dieu Rejeton, le petit divin :

« Je voudrais rendre les eaux sacrées, ce serait mon bonheur (d'être là-bas, près de toi) ;

« . . . . . . Qu'elle brise la coupe d'albâtre ;

« Et que la joie apaise son courroux ;

« Et que le maître des Destinées lui impose silence ;

« Je remplirai de pierres précieuses (pierres des yeux), le vide de mes genoux ;

« Elle ne m'a pas endommagé une seule côte.

« Et (cependant) du temps du dieu Rejeton, on m'a ravi la coupe d'albâtre, on m'a ravi avec elle l'anneau de cornaline ;

« Avec lui on m'a ravi les enchanteurs et les enchanteresses ;

« Qu'ils remontent par les sacrifices, qu'ils flairent notre encens. »

Telle est la Légende d'Istar. La fin du récit est malheureusement très-mutilée ; les douze dernières lignes sont incomplètes sur les tablettes et n'ont été interprétées jusqu'ici que par M. Oppert dont nous avons suivi la traduction. Il les a sans doute restituées d'une manière satisfaisante, mais on comprend l'embarras qui résulte d'allusions à quelques objets mythiques dont nous ignorons l'usage et de la présence de quelques termes qui sont absolument inconnus.

Nous rattacherons aux légendes un certain nombre de sujets qui sont à proprement parler des fables. Le goût si éminemment oriental de l'apologue et si répandu dans les différentes contrées de l'Asie Occidentale devait se rencontrer chez les Assyriens. Nous signalerons particulièrement trois fables que l'on pourrait intituler : l'Aigle et le Serpent, — le Renard, — le Cheval et le Bœuf.

La première de ces fables met en présence l'Aigle et le Serpent. La scène se passe sous le règne d'un monarque nommé Etana, déjà descendu dans les régions infernales au temps d'Isdubar. On comprend vaguement que le Serpent a commis quelque péché pour lequel il a été condamné par le dieu Samas à être mangé par l'Aigle ; mais celui-ci refuse d'en faire son repas. Aussi un personnage dont le nom est perdu tend un piége à l'Aigle, qui, alléché par un appât, tombe dans la trappe et est pris ; alors l'Aigle abandonné et enfermé, condamné ainsi à mourir de faim, s'estime heureux de manger le Serpent, ce dont les autres oiseaux prennent offense et veulent que l'Aigle soit exclu de leurs rangs. Après avoir suivi sur la tablette d'autres détails qui ont trait à la construction d'une ville antique dont Etana était alors roi, on retrouve l'Aigle ; mais la fin de l'histoire est assez obscure et on ne saisit pas très-bien la relation des faits qui y sont consignés.

La fable du Renard ou Chacal nous montre que, dès cette époque, cet animal était renommé pour sa ruse et son adresse; celui qui est en scène semble avoir revêtu une sorte d'astuce attendrie qui agit sur les interlocuteurs au point de leur faire verser des pleurs. Le Renard avait offensé Samas d'une certaine manière; là encore le crime ne nous est pas connu. Le Dieu l'avait condamné à mort, mais l'adroite bête réussit à échapper à cette sentence à la suite d'un éloquent plaidoyer qu'elle fit en sa propre faveur.

La fable du Cheval et du Bœuf nous montre ces deux animaux unis dans une étroite intimité, à l'époque où « des tribus de bêtes étaient heureuses de leur compagnie réciproque et de leur amitié. »

Un pacte affectueux fut conclu entre le Bœuf et le Cheval, et ils vivaient ensemble dans une douce harmonie. Un colloque s'engage entre eux. Le Bœuf entame la discussion en se donnant des louanges; malheureusement on ne connaît pas la réponse du Cheval. Lorsque l'histoire recommence, il semble que le Bœuf fait un reproche au Cheval de traîner le char dont, lui, le Bœuf, est chassé. A la fin, le Cheval propose de raconter une histoire et son interlocuteur choisit celle qu'il appelle : « Quand la Grande-Déesse Istar. » Cette indication permet de supposer que les faits de cette Déesse fameuse avaient fourni des thèmes à beaucoup de récits, et il est fâcheux que les tablettes de ce spécimen soient justement brisées à cet endroit. On aurait eu peut-être une nouvelle forme de la Descente d'Istar dans le séjour des morts ou la narration d'une autre aventure de la Déesse, ce qui eût été de toutes façons fort intéressant à connaître.

Nous ne pouvons terminer cet exposé succint des trésors de la Bibliothèque royale de Ninive sans indiquer le côté profondément littéraire qui se dégage de l'étude des derniers documents que nous avons cités. Il est facile de voir par le récit de la Descente d'Istar aux enfers, dont nous avons respecté la disposition originale, qu'il y a dans l'esprit du narrateur une tendance évidente à donner à son œuvre le développement littéraire qu'elle comporte. Le parallélisme qui fait le *convenu* des artistes et des poëtes de cette époque se reproduit dans la disposition du sujet principal et des détails de cette légende. La phrase ne comporte pas sans doute les grandes périodes propres aux langues indo-européennes, mais nous y retrouvons la coupure ordinaire des œuvres littéraires des sémites. L'aspect des tablettes nous donne parfaitement une idée de cette particularité. Chaque ligne contient, en effet, un verset divisé, comme les versets de la Bible, en deux parties parallèles dont l'œil peut suivre la disposition et dont l'oreille pourra bientôt distinguer le mouvement, je dirais presque la cadence.

Ces grands poëmes, dont la Descente aux Enfers n'est qu'un épisode, formaient apparemment le fond de la littérature assyrienne ; ils n'étaient pas isolés, car nous avons aussi des hymmes en l'honneur des Dieux et des Déesses et des chants populaires qui remontent à la plus haute antiquité. N'est-il pas permis de supposer que la musique et la poésie se donnaient la main dans cette civilisation puissante qui grandissait chaque jour et qui nous représente un des centres les plus énergiques du développement de la vie orientale? Le peuple *chantait* l'hymne national au son des instruments; que signifieraient, s'il n'en était pas ainsi, ces chœurs rangés autour des groupes de harpistes qui forment sur les murs des palais le cortége habituel de leurs rois? Le peuple chantait aussi des hymnes en l'honneur de ses Dieux. Des tablettes conservées au Musée Britannique, provenant encore de la Bibliothèque d'Assur-bani-pal, donnent de courtes inscriptions dans lesquelles il est facile de reconnaître de véritables essais de poésie religieuse. Comment ne pas attribuer à l'inspiration lyrique qui enfante nos poésies modernes des hymnes semblables à celles-ci : [1]

K. 256.

« Dieu, mon créateur, soutiens mes bras,

« Dirige le souffle de ma bouche ;

  « Mes mains, dirige-les, ô Seigneur de la lumière. »

---

[1] Conf. : Texte : K. 256, W. A. I., IV, pl. 17. — K. 2861. Ibid.—Trad. : SCHRADER, *Die Höllenfahrt der Istar*, p. 88 et 100.

K. 2861.

« Dans le ciel, qui est exalté ?

  « — Toi seul, tu es exalté.

« Sur la terre, qui est exalté ?

  « — Toi seul, tu es (exalté).

  « Ton ordre révéré est publié dans le Ciel ;

  « Les Dieux se prosternent.

  « Ton ordre révéré est publié sur la Terre ;

  « Les Anounnaki baisent le sol. »

Nous ne pouvons nous livrer ici à la discussion intéressante qu'offrent certaines particularités de la transcription assyrienne qui autorise d'une certaine façon à dire que la phrase rhythmée était connue sur les bords de l'Euphrate dans cette antiquité reculée ; mais quel était ce rhythme sur lequel on modulait des chants ? C'est ici que notre réponse doit se faire attendre. Si nous pouvons affirmer que les Assyriens ont dû connaître la poésie, il y aurait témérité à chercher à en présenter aujourd'hui les conditions littéraires. Nous savons à quelle prudence et à quelle discrétion nous devons obéir dans ces recherches ; aussi nous recommandons toujours ces deux qualités, et si nous étions tenté de les oublier, les Assyriens eux-mêmes se chargeraient de nous les rappeler en mettant sous nos yeux quelques-uns de ces adages sumériens qui leur étaient si familiers et qui constituaient chez eux comme chez nous la sagesse des nations :

« Je fais des fautes en ne le sachant pas. »

CONCLUSION.

~~~~~~

L'analyse rapide à laquelle nous venons de nous livrer a permis de donner un aperçu général des trésors que cette curieuse Bibliothèque renfermait. Nous avons parcouru les différents sujets qu'elle nous présente; nous sommes loin d'avoir tout indiqué. Quelque succinct que notre exposé puisse être, nous espérons néanmoins qu'il a fait connaître tout un côté des études modernes qui s'accomplissent sur le vieil Orient. Ainsi que nous l'avons dit dans la préface de notre *Manuel de la langue assyrienne*, ces études doivent être considérées au double point de vue de la philologie et de l'histoire; ces deux sciences ne peuvent aller l'une sans l'autre, et il serait tout aussi téméraire à l'historien de négliger le côté philologique qu'il serait oiseux au philologue de n'avoir pas pour but de fournir des renseignements à l'historien. Il incombe cependant à l'un et à l'autre une grande réserve, ainsi que nous avons eu plusieurs fois l'occasion de le faire remarquer. Les renseignements que nous tenons d'une source aussi certaine que celle à laquelle nous venons de puiser ne peuvent être indifférents.

Résumons-nous ici : nous savons que cette vieille civilisation assyro-chaldéenne était précédée d'une civilisation puissante qui lui a légué ses croyances, ses lois, ses mœurs. On arrive ainsi à la période sumérienne dont on ne soupçonnait même pas l'existence au début des recherches ; s'arrêtera-t-on à cette nouvelle étape et sera-t-il possible de remonter plus haut encore ? C'est ce qu'il s'agit présentement de rechercher et c'est la grande préoccupation des assyriologues. Or, dans cette question éminemment complexe, ce n'est pas jusqu'à présent par des raisonnements ingénieux que l'on a dégagé ces données ; c'est grâce aux progrès patients et sûrs du déchiffrement pur et simple qu'on s'en est rendu maître. Qui eût pu prévoir que nous aurions réuni tant de monuments et conquis une semblable certitude ? Les hypothèses s'évanouissent pour faire place à des réalités. Aussi, lorsque nous voulons sortir du cadre d'une monographie et faire entrer cette histoire au nombre des éléments d'une synthèse générale, nous devons nous imposer une grande réserve.

La lecture des textes assyriens a appelé particulièrement l'attention de quelques esprits désireux de connaître les rapports qui ont pu exister entre le peuple juif et les grands empires de Ninive et de Babylone. Nous avons vu que certains documents assyro-chaldéens nous transmettent des traditions sur l'origine du monde semblables à celles dont notre société moderne s'inspire encore; on ne saurait écarter les conséquences qui surgissent des rapprochements auxquels on peut se livrer. Cet intérêt, dont nous ne voulons pas diminuer l'importance, ne peut pourtant occuper qu'un rang secondaire dans les préoccupations de l'historien. Quant à nous, nous ne saurions adopter un système qui tendrait à subordonner l'histoire générale de la Haute-Asie à l'existence d'un peuple qui n'est après tout qu'un des éléments d'un groupe, et à le considérer comme le pivot autour duquel les autres nations ont dû graviter.

TABLE

~~~~

www.ingramcontent.com/pod-product-compliance
Lightning Source LLC
Chambersburg PA
CBHW052054090426
42739CB00010B/2172